平凡社新書
906

知っておきたい入管法

増える外国人と共生できるか

浅川晃広
ASAKAWA AKIHIRO

HEIBONSHA

知っておきたい入管法●目次

はじめに

国内の観光地やコンビニなど、身近なところでたくさんの外国人を見かけるようになりました。

さらに二〇一八年の秋、政府が外国人労働者の受け入れ拡大のための法改正案を国会に提出し、それが成立したこと……これらにみられるように、現在の日本において外国人の存在感は増してきました。

では、そもそもなぜ外国人観光客は増えてきたのでしょうか？　また、なぜコンビニの外国人の店員は増えてきたのでしょうか？　「外国人労働者の受け入れ拡大のための法改正」とは具体的に何なのでしょうか？

本書を手に取っていただいた方は、おそらくは外国人に関して、漠然とした疑問をお持ちなのだと思います。

こうした現状において、本書では、読者の皆さんが持たれる外国人に関する疑問について、主に法制度的な視点からお答えします。「法制度的に」といっても、決して難しいものではなく、わかりやすく解説していますので、どうぞご安心ください。

結論を先取りしていうと、外国人の入国・在留は国によって強く規制されているため、制度そのものが、日本社会における外国人の在留実態に直結するということです。日本において外国人の存在感が増してきたのは、人口減少・労働力人口の減少が進んできたことと、密接な関わりがあります。残念ながら減少自体は今後も進んでいくと思われます。労働力を補うためにも、中長期的に、日本社会にとって外国人は欠くことのできない存在になっていくでしょう。したがって、外国人に関する制度設計のあり方こそが、まさしく「国づくり」に直結することになります。

こうした中で本書は、外国人のことを深く理解するために、間違いなく皆さんのお役にたてると確信しています。

なお、私は名古屋大学の大学院国際開発研究科で、教育・研究に加えて留学生関連の業務を担当しています。研究科の授業はすべて英語で行われ、約五〇か国からの留学生は学生全体の約六割にのぼります。これまでさまざまな国籍の多数の留学生と接してきました。

また、法務省の難民審査参与員として、これまで約二〇〇〇件の案件を検討し、約二七〇名の難民認定申請をした外国人をじかにインタビューしてきました。このように多数の「生身の外国人」を知っていることからも、より多くの皆さんに外国人の実態を理解していただきたい、という思いが募り、それが本書の執筆の動機の一つです。

本書は九章で構成されていますが、基本的にはそれぞれ独立したトピックとなっていますので、興味のある章からお読みいただけます。本書を読み、街中で見かける外国人のことをもっと理解していただければと思います。

第一章　外国人の定義

入管法とは

日本人と外国人は、そもそもどこが違っているのでしょうか？

あなたは何を思い浮かべますか？　肌の色や髪の色といった見かけ？　日本語が母語かどうかという違いでしょうか。もちろんそれもそうですし、他にもいろんな違いがあると思います。

本書では、あえて法律・制度的な点からの決定的な違いについて指摘したいと思います。それは「日本人は当然の権利として日本にいることができるが、外国人は日本政府の許可を得なければ日本に在留できない」という点なのです。

これはどういうことでしょうか？

この根拠となるのが、外国人の日本での在留を直接に規制する「入管法」という法律です。正式名称を「出入国管理及び難民認定法」といいます。本書では、この入管法という法律を軸として、日頃あなたが抱くと思われる外国人に関するさまざまな疑問に答えていきたいと思います。

大坂なおみさんの国籍

　まず、入管法での外国人の定義について説明します。入管法上の外国人とは「日本の国籍を有しない者」（第2条）となっています。これだけです。肌の色や髪の色、日本語が母語かどうかは一切関係ありません。すなわち、とにかく日本国籍を持つ人が「日本人」ということになります。

　テニス全米オープンで優勝した大坂なおみさんは、父親はアメリカ人ですが、母が日本人であったため、生まれた際に日本国籍も取得し、現在アメリカと日本の二重国籍です。このため入管法からみると、大坂さんが、たとえアメリカ国籍を持っていたとしても、日本国籍も持っているので「外国人」とはならず、れっきとした「日本人」になります。なお、国籍については第九章で説明します。

　日本人と外国人を分ける明確な線が「日本国籍の有無」ということをご理解いただいたうえで、このことの持つ意味について考えていきます。

　日本国籍を持つ日本人は、当然の権利として日本に在留することができます。これは当たり前といえば当たり前で、その国の国民であることと、その国に物理的に在留できることは不可分の関係にあるのです。

江戸時代に「江戸所払い」という刑罰がありましたが、今の日本政府は日本人を日本から物理的に追放するという刑罰を科すことはできません。このため、いわゆる「国際手配」となって海外にいる日本人容疑者の帰国そのものを妨げることもできません。もっとも、この場合、空港に着いた瞬間に逮捕されることになるのでしょうが……。

入国審査

しかし、外国人にはこうした当然の在留の権利は認められていません。なぜなら、入管法に以下のような条文があるからです。

「外国人は……上陸許可の証印……を受けなければ上陸してはならない」（第9条第6項）

「上陸許可の証印」には、外国人に対して日本への入国を認めます、という意味があります。そしてその許可は「入国審査官」という職種の国家公務員が出しています。海外旅行に行く際に空港で見かける、制服を着た人たちです。法務省入国管理局に所属していて、二〇一九年四月からは新たに「出入国在留管理庁」に所属する予定です。

つまりこれは、外国人は日本政府の許可を得なければ日本に入ることができない、ということを意味します。

ここで、日本人でも海外旅行から帰ってくると、空港で入国審査官にパスポートを出して、入国審査を受けているのでは、という疑問を持たれる方もいると思います。実は日本人の場合、単に提示したパスポートと目の前の人物が同じかどうかを「確認」しているにすぎないのです（第61条）。同じであることさえ確認できれば当然、日本に戻ることができます。このため、最近では日本人の帰国の際には顔認証を用いた機械のゲートも導入されています。

一方外国人の場合は、あくまでも入国審査を受けたうえで、許可されなければ日本に入ることはできないのです。皆さんが日頃見かける外国人観光客やコンビニの外国人店員は、日本政府の許可を得て日本に在留しているのです（ただし例外はあり、この許可を喪失した外国人を、いわゆる「不法滞在者」といいます。これについては第七章で説明したいと思います）。

このように、その人が日本国籍を持っているか、持っていないかで「権利として日本に滞在できる」のか、「日本政府の許可を得て初めて日本に在留できる」立場になるのか、という実に決定的な違いが出てくるのです。

入国をどう管理するか

以上の日本人と外国人との根本的な違いを念頭に置いたうえで、そうした外国人をどのように取り扱っていくかを考えてみます。

国の基本的立場として、理論的には次の選択肢があります。

①鎖国
②完全開国
③出入国管理

①鎖国は読んで字のごとく、外国人の流入を一切認めないという立場です。実際に日本でも江戸時代に行われていました。船という輸送手段しかない時代で、しかも陸上国境を有しない日本だからこそ可能でした。

しかし、オリンピックの開催も控え「訪日外国人を増やそう」といっている現状では、鎖国を実施することはあり得ません。もし実施すれば、日本経済は壊滅的な打撃を受けるでしょう。

②完全開国は、完全に国境を開放して、外国人が出入りするのを一切管理しないことです。これによって外国人は自由に日本に入国し、在留できることになります。外国人であっても誰もが日本に無制限に在留できることになり、もはや「日本人」や「外国人」という概念すらなくなるでしょう。二〇一七年の世界の人口は約七六億人（国連推計）で、日本の総人口は約一億二六五三万人（総務省統計局二〇一八年四月概算値）です。日本への入国に何の規制もなければ、それこそ、とてつもなく多くの人々が日本にやってくるかもしれません。

おそらく、このやり方に賛成できる人はまずいないと思います。最低でも、犯罪者やテロリスト、さらには、感染症を持っている人々については入国を認めたくないのが普通の感覚でしょう。また外国人の在留は認めるけれども、無秩序な流入は避けるべきという意見が多いのではないでしょうか。

①も②も採用できないとなると、③の出入国管理となります。これは在留が認められる

べき外国人の入国・在留を認めて、そうではない外国人の入国・在留を認めないということを意味します。すなわち、どこかで線を引いて外国人の在留を認める方法なのです。

増える「人の移動」

さらに近年、人の国際的な移動が活発化したため、出入国管理の役割はますます高まっています。

たとえば、二〇一五年の後半以降、多くのシリア難民が欧州を目指したことが大々的に報道されました。

あのような形態の移動ではなくとも、それこそ外国人観光客が増加していることにみられるように、通常の形態の人の国際移動も活発化しています。

その大きな理由は、まさしく輸送手段の発達にあります。歴史的には、人の輸送形態が船舶から航空機に移ったことが指摘できます。

かつてブラジルには多くの日本人が移住しましたが、最初の移民船の「笠戸丸」では神戸からブラジルのサントスまで約五十日かかっていました。一方、数年前、筆者もブラジルに行きましたが、名古屋からフランクフルトまで飛行機で十二時間、フランクフルトからサンパウロまで同じく十二時間でした。乗り継ぎの時間も含めると、今は丸二日もあれば、日本からブラジルに行くことができます。単純計算で二五倍のスピードアップです。

さらに料金の低下も指摘できます。たとえば、一九六四年四月のＪＴＢ主催のハワイツアーの料金は三六万四〇〇〇円で、現在の物価に換算すると四〇〇万円（！）ほどだったそうです（日本旅行業協会「海外渡航自由化50周年ニュースレター」第1弾）。今ならハワイに行くのに航空券だと数万円程度にすぎません。

この百年間で、どれほど人の国際移動のスピードが上がり、料金が低下したのかが、おわかりいただけたと思います。最近ではいわゆるＬＣＣ（ロー・コスト・キャリア）が出てきて、ますます航空券も安くなっています。

年間三〇〇〇万人の入国者

こうした状況は、人の国際移動にとって大きな意味を持っています。

人の移動への制約には、「費用による制約」と「国家による制約」の二つが指摘できます。先ほどのハワイの例でいうと「費用による制約」は「ハワイに行きたいけど、ツアー代金が高くてとても行けない」ということです。移動する意思は満々なのですが、なにせお金がなくて旅費が工面できない状態です。

一方で「国家による制約」があります。これもハワイの例でいうと「ハワイのツアー代金は払えるのだけど、アメリカのビザが取れないから行けない」というものです。すなわち移動する意思もあり、そのためのお金もあるのですが、アメリカ政府からビザを得ることができず、入国が認められないために行くことができないということです。国家によって移動が規制される場面です。

かつて国際移動の料金が非常に高かった時代は、お金を工面できない人が大多数でした（ハワイツアーが四〇〇万円ですから）。このため、アメリカ政府に入国を認められようが認められまいが、それ以前に費用の問題で門前払いとなっていました。

しかし航空運賃が極めて安くなった現状では、費用の面で外国に行くことができる人は、世界中において激増しました。このため自分が行きたいと思う国の入国許可を得ようとしている人々も激増しているわけです。

このことが意味するのは、それこそ五十年前では国際的に移動できる人が少なかったので、国家が相手にしなければならない「外国人」そのものが少なかったのですが、今現在では、「外国人」の数が飛躍的に増加したということです。

図1　外国人入国者数（1950年〜2017年）

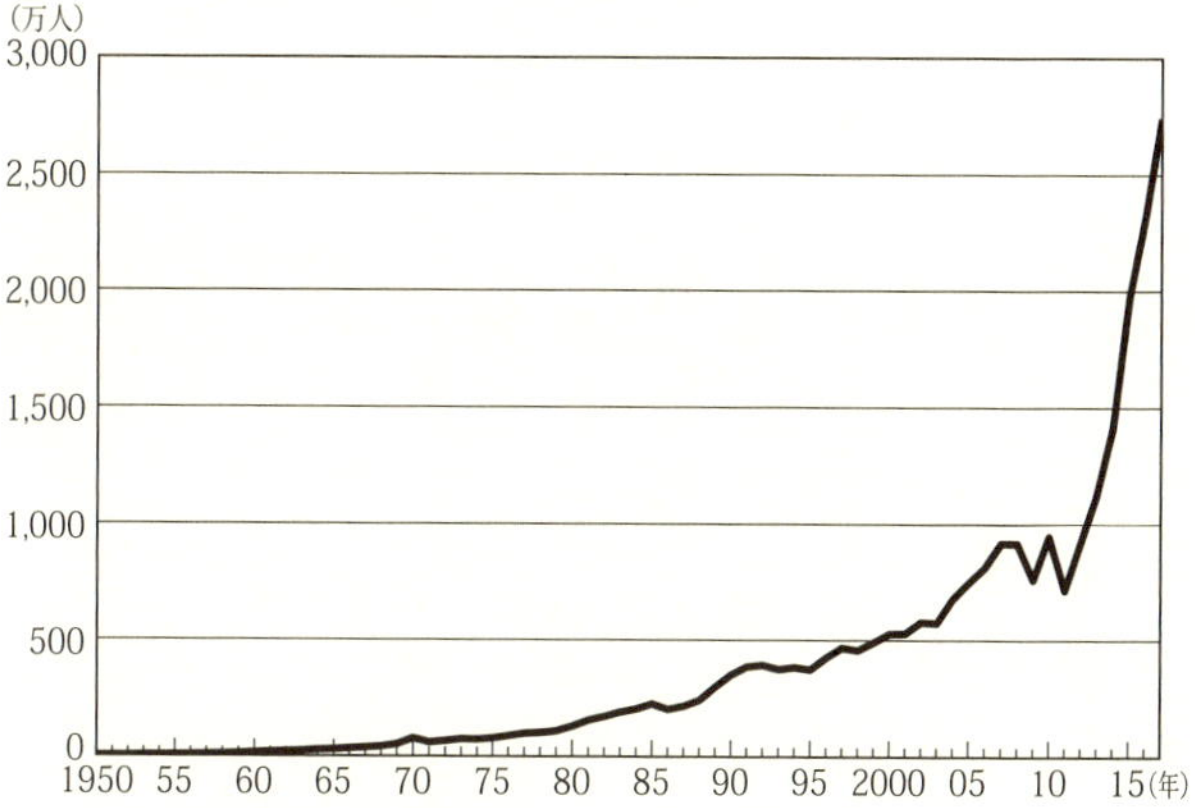

出典：法務省入国管理局「出入国管理統計」

日本の例でいうと、一九五〇年の外国人の入国者数は約一万八〇〇〇人だったのですが、二〇一七年では約二七四三万人にまで増加しています（法務省入国管理局「出入国管理統計」）。なんと約一五二〇倍の増加です（図1参照）。

このことからも、出入国管理の役割がますます重要になっていることが理解していただけると思います。そして、その出入国管理の根拠となるのが「入管法」という法律なのです。また出入国管理は、それぞれの国が自国の利益のために自由に実行してもいいというのが国際的な慣習です。

マクリーン事件

事実、入管法に裏打ちされた出入国管理のこうした機能を最高裁判所も認めています。「マクリーン事件」という判例があります。憲法の教科書にも出てくる判例ですので、ご存じの方も多いかもしれません。この判例では次のように述べられています。

憲法二二条一項は、日本国内における居住・移転の自由を保障する旨を規定するにとどまり、外国人がわが国に入国することについてはなんら規定していないものであり、このことは、国際慣習法上、国家は外国人を受け入れる義務を負うものではなく、特別の条約がない限り、外国人を自国内に受け入れるかどうか、また、これを受け入れる場合にいかなる条件を付するかを、当該国家が自由に決定することができるものとされていることと、その考えを同じくするものと解される……外国人の在留の許否は国の裁量にゆだねられ、わが国に在留する外国人は、憲法上わが国に在留する権利ないし引き続き在留することを要求することができる権利を保障されているものではなく、ただ、出入国管理令上法務大臣がその裁量により更新を適当と認めるに足りる相当の理由があると判断する場合に限り在留期間の更新を受けることができる地位を与えられているにすぎない（一九七八年十月四日、最高裁判決、傍線筆者）

この事件は、日本に語学学校の英語教師として滞在していたマクリーンというアメリカ人が、ベトナム反戦運動に参加したことを理由として、在留期間の更新を不許可になったというものです。本来の在留目的とは関係ない理由で不許可になったのは不当だ、と主張したものでしたが、最高裁判所は、外国人の在留の判断は入管法に裏打ちされた、法務大臣の裁量に委ねられているという判断をしています。すなわち、入管法に依拠する限りにおいて、外国人が在留できるかどうかは国の判断に委ねられるとしました。

このように外国人の在留については、入管法に基づいた国の広い裁量に委ねられていることからも、入管法をどのように策定し運用していくのかということが、今後の日本の外国人政策を考えるうえでも必須になります。

図2　在留外国人数の推移（1993年〜2018年6月）

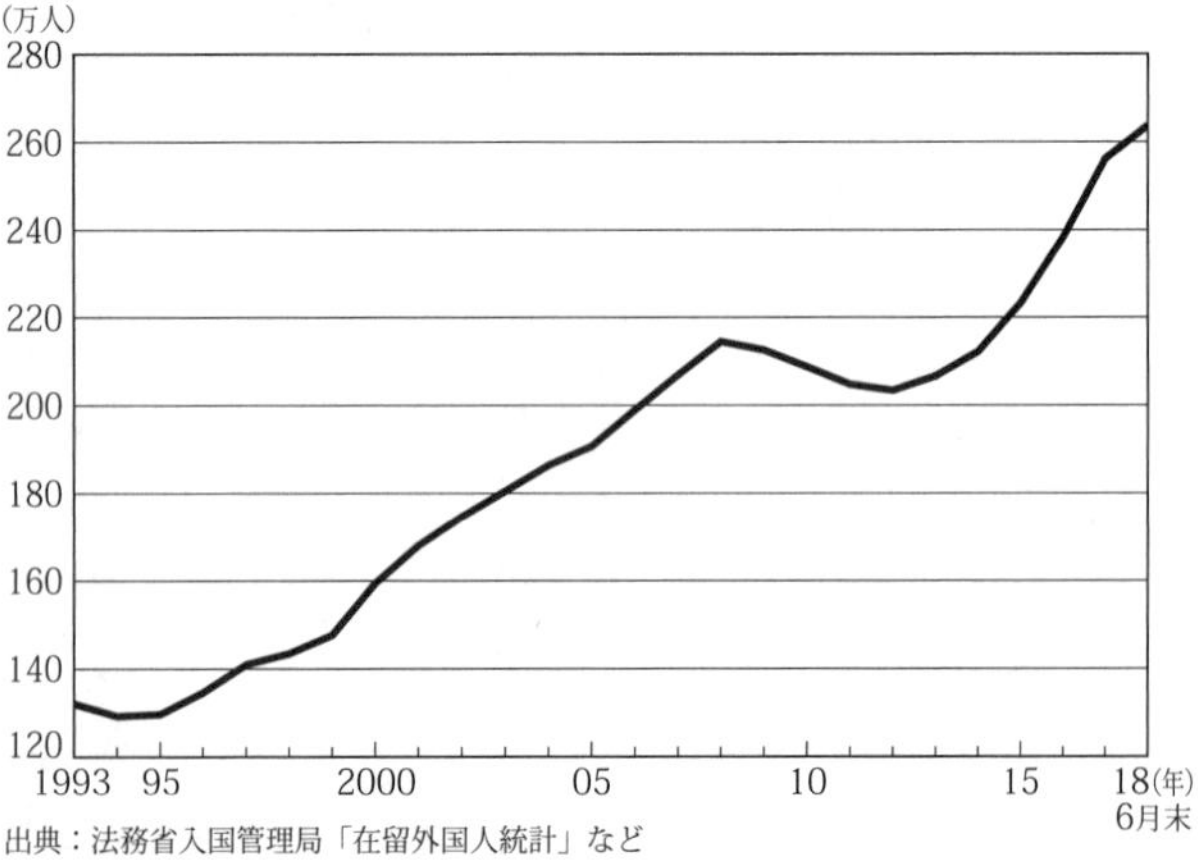

出典：法務省入国管理局「在留外国人統計」など

入国管理が経済政策に

日本という国が、どのような外国人であれば、日本への入国と在留を認めていくかということは、まさに、今後の国づくりに直結していくものといえます。

二〇一〇年頃までは、入管政策は不法滞在者などの明らかな法違反者を抑制するといった、治安管理的な要素が強かったのですが、人口減少・労働力人口の減少が進展する現在では、まさに経済政策の一つとして位置づけられるようになりました。事実、二〇一八年、政府も外国人の受け入れ拡大を表明し、そのための入管法改正が行われました。

「人手不足」が深刻化する中、私たちの日常においても、コンビニや飲食店などで、外国人を見かけないことはありません。このことは、近年の在留外国人総数の増加にも如実に表れています。二十五年前の一九九三年と比較してほぼ倍増しました（図2参照）。

では、労働力が不足する分、外国人を入れなければならないのかというと、そうした決まりはまったくなく、あくまでも日本という国の自由な判断です。

仮に外国人に頼らない国づくりを考えるのであれば、人手をなるべくかけない、自動化・省力化を徹底的に進めるという考え方もあり得ます。また反対に、やはり総人口・労働力の維持のために、積極的に外国人の数を増やすという考え方もあり得ます。

どちらが正しいというものではありませんが、入管法を通じた出入国管理・外国人政策は、日本の中長期的な国づくりに直結するものであることは間違いありません。このため、出入国管理がどのような機能を果たしているかを知ることが、ますます増加していく外国人のことを理解していくうえでも、必須ではないでしょうか。

第一章のポイント

①外国人は日本政府の許可を得なければ日本に在留できない。
②鎖国も完全開国もしないためには、出入国管理を行わなければならない。
③輸送手段の発達により、国境を越えて移動することができる人々は飛躍的に増加。
④入管法上の国の権限・裁量は大きい。このため、どのように入管法を運用するかということこそが「外国人政策」であり、今後の日本の国づくりに直結する。

第二章　コンビニ外国人が増える理由

コンビニの外国人の増加

近年、コンビニにおいて、外国人の店員が働いている風景が当たり前になってきました。特に早朝・夜間においては、外国人店員しかいないような店も多々あります。

日本では外国人の単純労働は認められていないはずなのに、なぜこれだけコンビニの店員に外国人が多いのでしょうか？

これは、入管法上の「資格外活動許可」制度と密接な関わりがあります。

この資格外活動許可とは、そもそもの「(在留)資格」の「外」の活動をしても構わない、という意味です。そして「在留資格」とは、日本に在留するであろう外国人のパターンを類型化したようなものです。第一章で「外国人は日本政府の許可を得なければ日本に在留できない」ことを説明しました。「在留資格」はこの許可に相当するものです。

そこで「資格外活動許可」の説明の前に、その前提となる入管法上の「在留資格」について説明します。

メニューにたとえられる在留資格

現在、日本には次の二八種類の在留資格があります。

○活動に基づく在留資格（別表第一）
外交、公用、教授、芸術、宗教、報道、高度専門職、経営・管理、法律・会計業務、医療、研究、教育、技術・人文知識・国際業務、企業内転勤、介護、興行、技能、技能実習、文化活動、短期滞在、留学、研修、家族滞在、特定活動

○身分・地位に基づく在留資格（別表第二）
永住者、日本人の配偶者等、永住者の配偶者等、定住者

これらに加えて、さらに二〇一九年四月からは、新たな在留資格「特定技能」が創設されます。

この在留資格が意味するところは、こうした類型に当てはまる外国人はどうぞ日本に在留してください、ということです。

たとえていうなら、店のメニューのようなものです。カフェに行って、メニューも何も

なく、いちいち店員と、「コーヒーか紅茶か」「コーヒーならどの産地の豆か」といったやり取りはしません。どこの店でも、お客さんが注文しそうな品物がメニューに表示されていて、その内容と価格が決められています。それを見てお客さんが注文します。

すなわち、「在留資格」とは、日本国政府が「こういう外国人の方はお越しください」として外国人に提示しているメニューのようなものです。メニューを見て注文して、そのうえで店（日本国）でどうぞおくつろぎください、というわけです。

逆にいうと、メニューに欲しいものがない方や、値段が高すぎる、という方は、店からはお引き取りいただくことになります。たとえるなら、アルコールを売っていないカフェでビールやワインを頼まれてもお出しできません、といったところでしょうか。

店にとって、どういったメニューを作るのかが店の売り上げに直結するように、日本国としてどういった在留資格を作るのかが、日本における外国人の在留実態に直結することになります。

また、それぞれの店が、それぞれの考えでメニューの内容と価格を決めているように、在留資格も日本国政府の考え方が色濃く反映されたものになっています。

在留資格と活動

では改めて、先ほどの在留資格の一覧をご覧ください。日本の在留資格は、「活動に基づく在留資格」と「身分・地位に基づく在留資格」に大別されます。前者については入管法の別表第一、後者については別表第二に記載されています。このため「別表第一の在留資格」といういい方もします。

まず「活動に基づく在留資格」（別表第一）とは、その在留資格で認められている「活動」を行うためのものです。入管法上この「活動」というのが非常に重要な概念です。

条文では次のようになっています。

> 別表第一の上欄の在留資格をもつて在留する者は当該在留資格に応じそれぞれ本邦において同表の下欄に掲げる活動を行うことができ（る）（第2条の2）

すなわち、それぞれの在留資格によって、認められた範囲の活動を行うことができるという意味です。このため、入管法ではそれぞれの在留資格について「本邦において行うことができる活動」を指定しています。

なお、「一在留、一資格の原則」というものがあり、在留資格は一つしか持てないものになっています。

シー・シェパードへの退去命令

たとえば、在留資格「短期滞在」の「本邦において行うことができる活動」を見てみましょう。

本邦に短期間滞在して行う観光、保養、スポーツ、親族の訪問、見学、講習又は会合への参加、業務連絡その他これらに類似する活動

これが一般に「観光ビザ」といわれるものです。この「短期滞在」の在留資格を得ようとすると、入管法上指定されている「活動」を行うことが必要となります。もしそれ以外の「活動」を予定しているのであれば、「短期滞在」には該当しないことになります。

たとえば、外国人が観光目的で日本を訪れる場合、通常は来日前にホテルを予約してく

るでしょう。また短期の観光ですので、帰国便も予約しているのが普通です。さらに、ある程度の所持金も必要です。

ところが空港での審査で、ホテルも予約していない、帰国便も予約していない、所持金もほとんどないということが判明すると、「本当に観光する気があるのか?」「何か別の目的があるのではないか?」と疑われることになります。

入管法上も、空港などでの入国審査官の審査においては、①活動が虚偽のものではないかどうか、②別表のそれぞれの在留資格に該当するかどうか、が審査されることになります。さらに、条件に適合するかどうかは、外国人自らが立証しなければなりません（第7条）。

このため、先ほどのように「とても観光客とは思われない」といった場合には、「短期滞在の在留資格に該当しない」という理由で、入国が認められない可能性があります。この「在留資格の活動に該当するかどうか」を「在留資格該当性」といいます。これも重要な概念です。

それぞれの在留資格に定められた活動を本当に行うことができるのか、また、そのつもりがあるのか、という点が入国・在留が認められるかの重要な判断のポイントになります。

この例として、反捕鯨団体「シー・シェパード」の幹部ら計八人が、二〇一四年、日本への入国を拒否され、退去命令を受けた事件がありました。この幹部らは「観光目的」などを入国の目的として申告したものの、国内での予定については正確な説明ができなかったとのことです。入国管理局はあくまでも観光目的であることを立証できなかったことが退去命令の理由であり、抗議活動が理由ではないと説明しました（朝日新聞、二〇一五年一月六日）。

この事例では、在留資格「短期滞在」で認められた活動である「観光」について、具体的にきちんと説明できなかった（どこに行って、どこのホテルに泊まって、どういった場所をめぐるのかなど）と考えられます。この場合、「在留資格該当性」がないということで、在留資格が与えられないことになり、結果として入国が認められません。

収入・報酬を受ける活動の禁止

では「在留資格該当性」があるということで、在留資格が与えられ入国・在留が認められた場合、在留資格上の「活動」はどのような意味を持つのでしょうか？

入管法上、明示的に禁止されている活動について見てみます。

「別表第一」の在留資格は、就労が認められるものと、認められないものに分かれます。就労が認められるものについては、その在留資格の活動の範囲内で就労し、報酬を得ることが認められています。ただし活動の範囲外での「収入を伴う事業を運営する活動」、または「報酬を受ける活動」が認められていません。

就労が認められない在留資格については、すべての「収入を伴う事業を運営する活動」または「報酬を受ける活動」が認められていません（第19条）。

このように、入管法上禁止されているのは、認められた活動の範囲外での収入・報酬を伴う活動です。先ほどの「短期滞在」はそもそも就労が認められていませんので、たとえ実際に日本各地を観光していたとしても、アルバイトによって収入を得ることは認められていません。

就労が認められている場合でも、その在留資格で認められた活動の範囲外の収入・報酬を受ける活動は認められません。在留資格「技能」の例を見てみます。「別表第一」の「本邦において行うことができる活動」は次のとおりです。

本邦の公私の機関との契約に基づいて行う産業上の特殊な分野に属する熟練した技能

を要する業務に従事する活動

具体的な「産業上の特殊な分野に属する熟練した技能」については入管法そのものではなく、その下にある規則（「省令」といいます。それぞれの省が定めるルールを意味します）で定められています。該当するものには、「料理の調理」「外国に特有の建築又は土木」「宝石、貴金属又は毛皮の加工」「動物の調教」などがあります。なかでも多いのが「料理の調理」、すなわち、外国料理のコックです。

コックは当然、店で料理を作ります。このため、ウェイターや皿洗いのような仕事をして、報酬を得ることは認められていません。あくまで「料理の調理」が認められた活動だからです。

このように認められた範囲外での収入・報酬を得る活動は明確に制限されています。逆にいえば、収入・報酬を得ることがない活動までは制限していません。

たとえば、日本で働くコックが、仕事をしていない時間に、授業料を支払って日本語学校に行くという活動は制限されていません。これによって収入・報酬を得るわけではないからです。このため留学生が、夏休みに日本各地を観光するということも、もちろん可能です。

「活動」をしないと帰国対象に

かといって、範囲外の収入や報酬を得る活動をしなければ、在留資格上行うべき活動をしなくてもいいわけではありません。あくまでも、そうした「活動」をすることが在留資格の根拠だからです。

留学生の例でいうと、在留資格上求められているのは「教育を受ける活動」です。このため授業にまったく出席しないというのは、たとえアルバイトなどを一切していなくても、「教育を受ける活動」をしていないことになります。

大学では休学という制度があり、休学期間中は授業料を支払わなくてもいい場合がありります。では留学生が休学中に日本に在留できるのかというと、答えは「ノー」です。大学を休むわけですから、当然、授業への出席などの「教育を受ける活動」はできません。このため、在留の根拠が失われます。よって、卒業した場合、たとえ在留期間が残っていたとしても、当然「教育を受ける活動」ができなくなりますので、これも在留の根拠が失われます。

また、日本企業で働く外国人の多くは在留資格「技術・人文知識・国際業務」を持っていますが、仮に企業から解雇された場合、これも在留資格上の活動を行うことができないことになりますので、在留の根拠が失われます。別の企業に就職できなければ、帰国することが必要です。

それぞれの在留資格で、行わなければならない「活動」が決められているので、他で報酬を得る活動をしないからといって、何もせず漫然と過ごすことも、原則的には認められないことになります。

このことを直接禁止する条文はありませんが、定められた活動を三か月以上しない場合は、在留資格取り消しの対象になります。さらに、定められた活動をしないうえで、他の活動を行っていたり、行おうとする場合には、三か月を待たずとも、即座に在留資格取り消しの対象になります（第22条の4）。

たとえば留学生が大学を卒業後、本来の「教育を受ける活動」はしないにもかかわらず、在留期間が残っているからとアルバイトをしている場合などが該当すると思われます。

バイト漬けの留学生も帰国対象

以上、入管法上の「活動」の持つ意味を踏まえて、「資格外活動許可」の説明に入りたいと思います。

「資格外活動許可」とは、まさにその在留資格の「活動の外」の収入・報酬を受ける活動をすることの許可を意味します。ただし、本来するべき活動があるわけですから、あくまでもそれを「阻害しない範囲内」であることが求められています（第19条）。また、入国管理局によって許可される必要があります。

もっともポピュラーなのが、留学生の資格外活動です。留学生については、資格外活動許可を得ると、週二十八時間（長期休暇中は一日八時間）のアルバイトが認められています。日本人の大学生でもアルバイトをすることは普通ですから、留学生も同様にという趣旨だと考えられます。

このように、留学生が「資格外活動許可」を得て、週に二十八時間まで働くことのできる制度の存在こそが、コンビニでの外国人店員が増加している背景だといえます。

ただし、風俗関係は禁止されています。これは風俗営業法の対象となるもので、キャバレー、料亭、ナイトクラブ、パチンコ店、ゲームセンターなどが含まれます。

また、時間制限を設けるのも、あくまでも本来の「教育を受ける活動」を「阻害しない範囲内」である必要があるからです。そもそも留学の場合は就労が認められていませんので、学校の授業にも出ず、アルバイトばかりしているとなると、実質的に外国人の単純労働を認めていることになってしまいます。

このことを禁止する趣旨で、週二十八時間を大幅に超えるなど、この資格外活動を「専ら行っていると明らかに認められる」外国人について、入管法では強制送還の対象としており、厳しい態度で臨んでいます（第24条）。

また、雇用主が、資格外活動許可を持つ外国人に週二十八時間を超えるアルバイトをさせていた場合や、そもそも就労することができない外国人を雇用していた場合などは、その雇用主に「不法就労助長罪」（第73条の2）が適用されます。罰則は「三年以下の懲役若しくは三百万円以下の罰金」です。

この事例として、岩手大学の教授が女子留学生四人にホステスのアルバイトを持ち掛け、盛岡市内のスナックに紹介したというものがありました。先ほど述べたように留学生のホステスとしてのアルバイトは禁止されているため、この教授は入管法違反（不法就労助長）となり、書類送検されました（日本経済新聞夕刊、二〇一三年八月二十七日）。

さらに免税店大手のラオックスが、中国人留学生を二十八時間を超えて労働させていたことから、社長が書類送検されたという事件がありました。中国人観光客の増加に伴い、留学生に長時間接客をさせたとのことです。当の超過労働していた留学生についても、逮捕・書類送検されました。最大で週六十時間以上勤務した留学生もいたようです（日本経済新聞、二〇一五年十二月二十六日）。

同様に、豚骨ラーメンチェーンの一蘭でも、留学生の超過労働のため、社長らが書類送検されています。ベトナムや中国の留学生を超過労働させたとのことで、最大で週三十九時間以上勤務した留学生もいたようです（日本経済新聞、二〇一八年三月六日）

こうした事例もあることから、外国人を雇う雇用主も入管法を十分に理解し、外国人従業員が入管法違反にならないように、管理・監督する義務があるといえます。

増えた留学生がコンビニでバイト

さらに近年、留学生の総数が急激に増加していることも、コンビニの外国人店員の増加と密接に関係しています。

二〇一一年度の留学生総数は一六万三六九七人でしたが、二〇一七年度では二六万七〇四二人と、なんと約一〇万人も増加しています（日本学生支援機構「平成二十九年度外国人

図3　留学生数の推移（教育機関別, 2011年度～17年度）

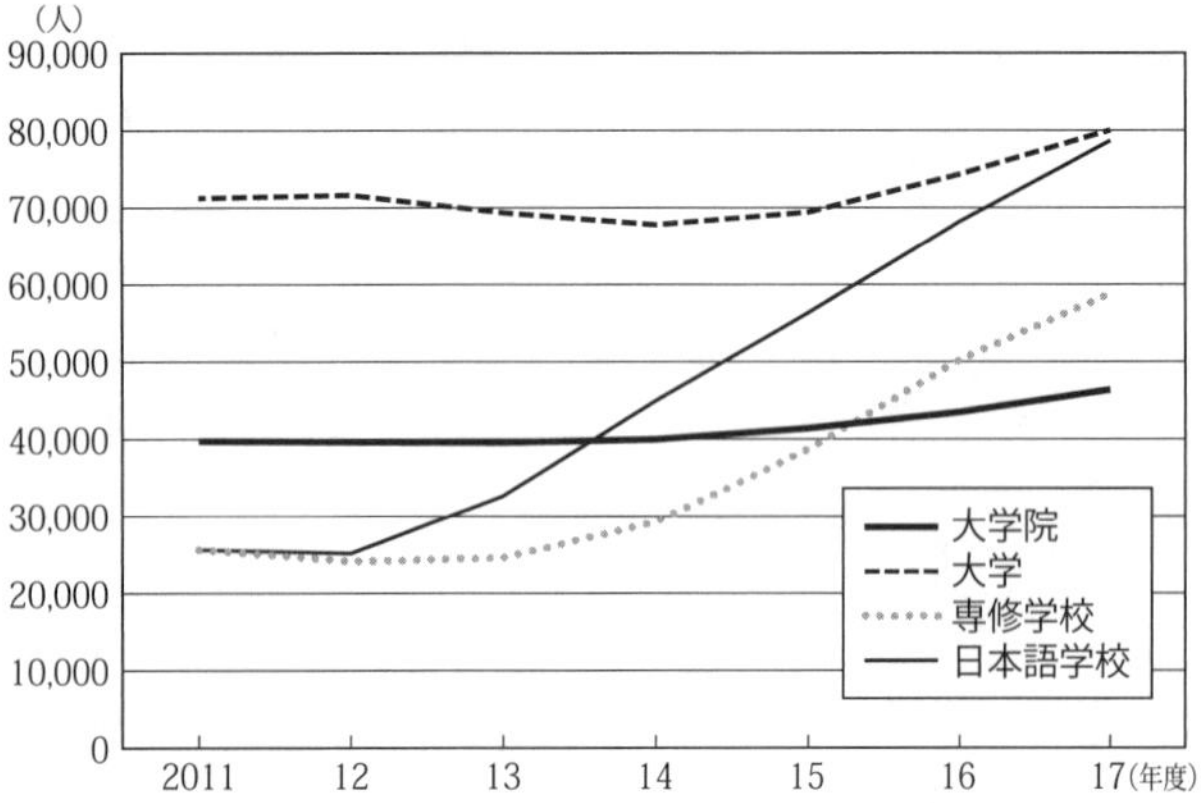

出典：日本学生支援機構「外国人留学生在籍状況調査結果」（各年版）

留学生在籍状況調査結果」）。

この統計では、実は「留学生」といっても、大学生・大学院生だけではなく日本語学校生、専修学校生も含まれています。

教育機関別の留学生数の、二〇一一年度から二〇一七年度の推移をご覧ください（図３）。このように、大学生・大学院生については、一・二倍程度の増加ですが、専修学校生は二倍以上、日本語学校生についてはほぼ三倍の増加となっています。二〇一七年の留学生総数、二六万七〇四二人のうち、日本政府による国費留学生は九一六六人と、全体の三％程度にすぎず、しかも大学や大学院に籍を置いています。また民間の奨学金も、基本的には大学生・大学院生を対象としています。よって、専修学校や日本語学校の留学生は、ほとんどが私費留学生です。

このため急激に増加した留学生、とりわけ専修学校生や日本語学校生が、生活費の足しに、また学費の支払いのために、「資格外活動許可」を得てコンビニなどでバイトをしているのでしょう。このように、留学生総数が二〇一一年度と比較して一〇万人も増加したこと（供給）と、近年の人手不足の状態（需要）という、供給と需要が合致した結果、多くの留学生と思われる外国人がコンビニ店員として働いているわけです。

こうした現実の一端を示すように、筆者の職場近くのコンビニの店長によると、従業員で日本人は自分を含めて二名だけで、あとは皆外国人とのことでした。

労働市場上の需要と供給はもちろんですが、何よりも、入管法で「資格外活動許可」という制度があることこそが、このようにコンビニ店員に多数の外国人がいることの背景だといえます。

本来「資格外活動許可」によって、留学生のアルバイトを認めている趣旨は、あくまでも、生活費の一部を補てんするというものです。しかし現実には、生活費や学費のすべてをアルバイトでまかない、さらには、お金を貯めて母国へ送金するという目的のある留学生も少なからず存在していると思われます。

入国管理局が二〇一八年九月に発表した、二〇一七年の在留資格取り消し者について、その総数の三八五人のうち、一七二人が留学生や元留学生でした。このことについて一部報道では「学費や生活費を稼ぐため、複数のアルバイトに明け暮れて学校を除籍された」ということが指摘されています（読売新聞、二〇一八年九月二十九日）。勉学とアルバイトの本末転倒が起こってしまった事例といえます。

以上、コンビニの外国人店員の増加の背景について述べてきました。いずれにしても外国人の在留や就労状況については、入管法が大きな役割を果たしていることをご理解いただけたと思います。

在留期間

以上のことを念頭に、在留資格についての他の側面を見ていきます。

在留資格は「活動」を指定するものであると同時に、在留できる「期間」についても指定しています。第一章で述べたように、日本に在留する外国人が受ける制限の一つです。日本人の場合、当然ながら何ら政府からの制約を受けることなく一生日本にいることができますが、外国人の在留については時間的制限を受けます。

入管法ではそれぞれの在留資格について、与えられるべき在留期間が指定されています。「五年、三年、一年又は三月」というのが一般的です。留学については「一年三月」や「二年三月」というものがあります。

たとえば、大学院修士課程の二年間の勉強のために来た留学生が「二年」を与えられたとします。四月に授業が始まる前の三月中旬に来日して、生活の準備をしていくことがあります。三月十五日に入国して二年間の在留資格が与えられたとすると、二年後の三月十五日までが在留期限となります。しかし卒業式が三月二十日だと、日本にいることができません。この場合卒業式出席のために、わざわざ「短期滞在」への変更を申請することが多かったのですが、最初から「二年三月」の期間が得られれば、こうした状況を回避できます。

また「短期滞在」は、まさにその名が示すように「九十日若しくは三十日又は十五日以内の日を単位とする期間」となっています。このため、最長で九十日、理論的には最短で一日となります。あくまでも短期の観光等が目的のものだからです。

ただし在留資格「永住者」については「無期限」となっており、時間的制約がなく、まさに「永住」が可能となります。

誰に、どれだけの在留期間を与えるのかは、あくまでも入国管理局の裁量に委ねられています。「活動」についての該当性はある場合でも、本当に長期間そうした活動を行うのか、という疑義がある場合には、短い在留期間が指定される場合があります。

たとえば「日本人の配偶者等」で、あまりに年齢差のある夫婦で偽装結婚が疑われるものなど、早い段階で婚姻関係が破たんしそうな可能性がある場合には、当初は最短の「六月」を与えて、六か月後に、ちゃんと維持されているのであれば、今度は「一年」や「三年」を与えるといった運用がなされています。長期の在留期間が指定されるほうが、入国管理局からの信頼が高いということができます。

なお、こうした在留期間を超過してそれでも日本にいる場合は、いわゆるオーバーステイ、不法残留となります。この場合は強制送還の対象となります。強制送還については第七章で詳しく説明します。

在留期間の更新

在留期間については更新が可能です（第21条）。一般に「ビザの延長」といわれますが、入管法上は「在留期間更新」といいます。同じ在留資格のまま、期間を更新することです。

たとえば、大学を四年かけて卒業する予定の留学生について、最初は「二年」の「留学」が与えられたとします。残りの二年間大学で勉強するためには、在留期間の更新が必要です。この更新の申請の際には「残り期間でちゃんと卒業できるのか」ということが考慮されます。

仮に、最初の二年間まったく勉強せず、単位もほとんどとれていない、といった状況だと、更新が認められない可能性があります。授業料は支払って大学生としての身分はあっても、更新後にしっかりと「教育を受ける活動」をできるかどうかということが、それまでの実績で判断されることになります。

先ほど述べた「日本人の配偶者等」についても、まさに婚姻関係がきちんと維持されているか、ということが重要になります。

この意味でも在留期間更新とは、それまでの活動実績の「中間審査」のようなものといえるでしょう。

なお、更新が認められた際に与えられる在留期間についても、入国管理局の判断に委ねられます。それまでの活動実績に疑わしい点がある場合、即座に更新を不許可としないまでも、通常より短い期間が与えられるということもあります。

この理由として、入管法上「更新を適当と認めるに足りる相当の理由があるときに限り、これを許可することができる」（第21条）となっているからです。第一章で判例を引用したマクリーン事件は、まさに、この在留期間の更新をめぐるものでした。最高裁の判決が述べるように、そもそも更新するかどうかも含めて、法務大臣の幅広い裁量に委ねられています。

在留資格の変更

また入管法では、在留資格変更という制度があります。日本での在留の目的（活動）が変わった場合には、それに合う在留資格への変更を申請することができます。

たとえば、留学生が卒業後、日本企業に採用されたら、「留学」から「技術・人文知識・国際業務」に資格を変更する、という場合があります。また、その後日本人と恋愛をして結婚することになった場合は「日本人の配偶者等」に変更することもあり得ます。

この在留資格の変更についても「在留資格の変更を適当と認めるに足りる相当の理由があるときに限り、これを許可することができる」（第20条）となっています。新たな在留資格に該当するかどうかはもちろん、これに加えてそれまでの在留資格での活動の実績はどうか、といった点が総合的に考慮されます。

再入国許可

実は入管法の条文に明文化された規定はないのですが、在留資格は日本国内のみで保持することが可能で、いったん日本から出国してしまうと、在留資格が自動的に消滅してしまうことになっています。

しかしこれでは外国人が母国に一時帰国することすらできなくなるため、「再入国許可」という制度が設けられています。条文は以下のようになっています。

法務大臣は、本邦に在留する外国人……がその在留期間……の満了の日以前に本邦に再び入国する意図をもつて出国しようとするときは……その者の申請に基づき、再入国の許可を与えることができる。（第26条）

日本の出国前に再入国許可を受けて出国したのであれば、その在留資格を維持したまま日本に再入国できることになります。しかし再入国許可を受けずに出国してしまった場合には、在留資格が消滅し、最初から手続きをやり直さなければならないので、十分に注意が必要です。

これは永住者にも適用されるため、再入国許可を得ないまま出国してしまうと、せっかくの永住権が消滅することになってしまいます。

ちなみに、再入国許可は、本来は事前に入国管理局で得る必要があるのですが、それとは別に「みなし再入国許可」というものがあります（第26条の2）。これは出国時に空港で申告すれば事前の申請の必要なしに、一年間は再入国が可能になるものです。しかし一年を超えて再入国はできず、この場合、最初からやり直しとなりますので注意が必要です。

なお「みなし再入国許可」が導入されたのは二〇一二年七月でした。それまでは、所持している在留資格を失うことなく外国人が一時帰国するためには、入国管理局で再入国許可を得なければなりませんでした。このため二〇一一年三月に発生した東日本大震災の際、一刻も早い一時帰国を求める数多くの外国人が、再入国許可の取得のために入国管理局に殺到しました。今は「みなし再入国許可」制度がありますので、このような事態は発生しないと思われます。

在留資格が最重要

このように、入管法上のそれぞれの在留資格で認められた「活動を行うこと」が在留資格の根拠であり、それゆえに日本への入国と在留が認められることが、ご理解いただけたと思います。

さらに、本来の活動以外の活動を認める「資格外活動許可」という制度もあり、これがコンビニの外国人店員の増加につながっている背景であることも説明しました。

この章の初めに、在留資格を「日本国としてのメニュー」といいました。より具体的には、「日本でこんな活動をしていただけるのであれば、どうぞ在留してください」という意味でのメニューが、まさに入管法の別表です。ここを見れば、品物（在留資格の種類）とその中身（活動内容）が書かれています。自分の希望が、その中身、すなわち「活動」に該当しない場合は、「申し訳ありませんが、お引き取りを」ということになるわけです。

店にとってメニューは命ですが、外国人政策にとっても、入管法の在留資格とその活動の中身がまさに「命」となります。どういった在留資格を設け、その活動内容をどのように定めるかによって、日本にいる外国人の実態が決まってくるのです。

たとえば、二〇一八年秋の入管法改正では新たに「特定技能」という在留資格が創設されました（これについては第四章で解説します）。日本国として、いわばメニューを一品増やしたようなもので、今後これを目当てにやってくるお客様（外国人）が増えていくことが予想されます。

第二章のポイント

①在留資格は、外国人の在留形態を類型化したメニューのようなもの。
②それぞれの在留資格には、しなければならない「活動」が指定されている。
③指定された「活動」以外の、収入を得る活動は禁止されている。
④ただし「資格外活動許可」を得れば、一定の範囲内で本来の活動外の活動ができる。これがコンビニの外国人店員の増加の背景。
⑤指定された「活動」をせずに在留することは、認められていない。
⑥在留期間が指定されており、これを超えると不法残留。ただし期間の更新は可能。
⑦別の在留資格への変更も可能。
⑧日本の外に出れば在留資格は消滅。ただし再入国許可を得れば維持できる。

第三章　増え続ける外国人観光客

観光客が増えた理由

皆さんは、「外国人観光客が増加している」といった報道に接したり、実際に街中で多くの外国人観光客を見かけることも多いでしょう。

どうして、近年これだけ外国人観光客が増えたのでしょうか？

それは「査証免除」という形で、外国人観光客の入国が容易になったことと密接な関係があります。本章では、この背景を説明するために、外国人の入国手続きについて解説します。

ここで注意が必要なのが「ビザ」という用語です。これは日本においては法律上の用語ではありません。法律上の「査証」と「在留資格」の両方の意味を含む一般的な用語とご理解ください。新聞記事などでも混同して、本来「在留資格」であるべきところを「査証」と記載されているのが多々見受けられます（なおオーストラリアの移民法には法律上の用語として「ビザ」があり、これは日本の「査証」と「在留資格」が合体したようなものです）。

「査証」の取得

では、外国人はどのような手続きを経て、日本に入国できるのでしょうか？　外国人の入国について、入管法では以下のように定めています。

本邦に上陸しようとする外国人は、有効な旅券で日本国領事官等の査証を受けたものを所持しなければならない。（第6条）

まず外国人が日本に入国（入管法の用語では「上陸」ですが、あえて本書では「入国」で統一します）しようとするためには、有効な旅券、すなわちパスポートと、それに「査証」を受けたものを持っていなければならない、となっています。「上陸しようとする外国人」ですので、入国審査官の入国審査を受ける前の段階として持っていなければならないのが「査証」というわけです。

パスポートは母国の政府に申請して発給されるものです。日本に行きたい外国人が、そのパスポートを持って母国の日本領事館で「査証」の発給を申請します。つまり、実際に日本の空港に着いて入国審査を受ける前に、母国にある日本領事館に「日本に行きたいので査証をください」という申請をする必要があります。

「査証」を発給するかどうかは領事の裁量なので、発給されないこともももちろんあります。この場合、日本に向かう飛行機にすら搭乗できません。

しかしこれは、あくまでも入国審査官による審査を受ける前提にすぎず、査証が発給されても入国審査で「不合格」となることもあります。

つまり領事が査証を出すかどうかという第一次選考と、入国審査官が入国を認めるかどうかという第二次選考の、二段階選抜になっています。

ではなぜ、こういったダブルチェックの体制になっているのでしょうか。

世界各国の日本領事館にいる領事は、その国にいて事情をよく知っています。このため申請があった外国人について、その国の事情を踏まえたうえで、日本に入国することが妥当かどうかを判断できるわけです。「妥当だ」という判断のお墨付きが「査証」ということになります。そこで晴れて日本行きの飛行機に乗ることができます。

なお、世界各国の日本領事館にいる領事は外務省の外交官で、空港の入国審査官は法務省入国管理局（二〇一九年四月から「出入国在留管理庁」）の職員です。このため、「査証」は外務省、「在留資格」は法務省の担当になります。行政機関としても二重に関与していることになります。

入国審査官による審査

こうして査証を得た外国人が日本の空港にやってきました。

次に待っているのが、入国審査官による入国審査（入管法では「上陸審査」）です。入国審査官は次のことを審査します（第7条）。

①パスポートと査証が有効かどうか（次に述べる査証免除の場合は除く）。
②日本で行う活動が虚偽ではなく、その在留資格に該当しているか。
③在留期間が規定に適合しているか。
④上陸拒否事由に該当しないか。

①についてはパスポートが偽造ではなく、そこに貼られている査証が有効なものかどうかを確認します。どちらかというと形式的です。

②が入国審査の中核部分です。

第二章でも例に挙げましたが、「観光するために日本に来ました」という外国人がいたとします。この場合の在留資格は「短期滞在」になります。まさに「観光」という「活動」が求められています。

観光というからにはホテルを予約しており、どこに行くのかが決まっていて、十分な所持金があり、また帰国便を予約しているのが普通です。

しかし入国審査の段階で、こうしたことが立証できないとなると「観光をする活動」ができないと判断され、在留資格に該当しないことになります。結果として、シー・シェパードの事例のように入国が認められません。

このように入国審査官は、目の前にいる外国人が申請している在留資格の活動を本当に行うのかどうかの確認をしているわけです。たとえば、「数日間の観光」と申告しているにもかかわらず、荷物の量が異様に多い場合、別の目的があるのではないかということで慎重に審査をすることがあるようです。

③はそれぞれの在留資格について、与えられるべき在留期間が決められていることと関連しています。それぞれの在留資格に応じた在留期間が与えられます。

犯罪者や感染者

④は「上陸拒否事由」に該当しないかどうかということです。

入国しようとする外国人が、それぞれの在留資格に応じた活動を行うべきことは当然なのですが、それ以前の問題として「日本国としては、そもそもこのような外国人を入国させない」というものが決められています。これが「上陸拒否事由」です。

入管法第5条で「次の各号のいずれかに該当する外国人は、本邦に上陸することができない」となっており、二二項目が指定されています。この項目のいずれか一つでも該当した瞬間に、たとえ在留資格に該当したとしても日本への入国が認められないことになります。

すなわち「こうした外国人は絶対に日本に入れません」という、日本国としての強い意思表示でもあるわけです。

「上陸拒否事由」の一部は以下のようなものです。

①一類感染症、二類感染症、新型インフルエンザ等感染症若しくは指定感染症の患者

これは、感染症者の入国を認めないためのものです。「一類感染症」にはエボラ出血熱、ペストなどが含まれます。「二類感染症」には結核、鳥インフルエンザなどが含まれます。入国すれば他の国民に拡散するおそれがある病気を持つ外国人を入国させない趣旨です。

②日本国又は日本国以外の国の法令に違反して一年以上の懲役に処せられたことのある者

一年以上の懲役に処せられた犯罪歴を持つ外国人を入国させないためのものです。ここでは「日本国以外の国の法令に違反して」とあるので、母国や第三国での犯罪歴も含まれます。こうした犯罪歴を持つ外国人を入国させることは、やはり望ましくないということです。

③銃砲若しくは刀剣類、火薬等を不法に所持する者

④麻薬若しくは向精神薬、大麻、けし、あへん、覚せい剤などを不法に所持する者

③と④は銃や麻薬の不法所持者を入国させないためのものです。もちろん、発見されれば税関でも没収され犯罪になりますが、入管法でも、そうした外国人は入国させないことになっています。

ちなみに、空港には入管と税関がありますが、入管は人の管理、税関は物の管理を行っていると考えるとわかりやすいです。

⑤退去強制されてから五年を経過しない者

これは強制送還された外国人へのペナルティです。単に強制送還されるだけではなく、今後五年間は日本に入国できないという、入管法上のペナルティを科すことで、不法滞在などを抑制しようとする意図があります。

こうした上陸拒否事由に該当していないかどうかについても、入国審査で確認されることになります。このため、たとえ観光客として本当に「観光」するつもりであったとしても、麻薬を不法所持していたら、その事実のみで日本には入国できなくなります。

以上、これまで述べてきたのは査証の段階で領事館でじっくり審査し、また空港でも入国審査官がじっくり審査するという方法でした。

ただしこの原則は、入管法が誕生した一九五〇年代のような外国人の入国者が非常に少ない時代のやり方でした。

二〇一七年、日本に入国した外国人は約二七四三万人でした。ただでさえ外国人観光客が増加しているため、空港での入国審査の待ち時間が長いことが問題となっています。入国審査官が入念に一人ひとり確認するのは物理的に不可能な状態です。

このように外国人の入国者が飛躍的に増えた現代では、便利かつ迅速に外国人の入国を実現するため、次に述べるような方法が用いられています。

ノービザとは

「ノービザ」という言い方を聞いたことがある方も多いと思います。これは先ほどの「査証」としての意味の「ビザ」が不要ということです。正式には「査証免除」という言い方をします。

すなわち、日本に来るのであれば事前に日本領事館で「査証」を得ることは必要ない、というやり方です。このため、日本に来ようとする外国人からすれば、パスポート一つ持って飛行機に乗ればいいのですから、本当に便利です。

ただし、これには次のような限定があります。

表1　ビザ免除措置国・地域一覧表（2017年7月時点）

アジア	ウルグアイ	**中東**	オーストリア	フィンランド
インドネシア	エルサルバドル	アラブ首長国連邦	オランダ	フランス
シンガポール	グアテマラ	イスラエル	キプロス	ブルガリア
タイ	コスタリカ	トルコ	ギリシャ	ベルギー
マレーシア	スリナム		クロアチア	ポーランド
ブルネイ	チリ	**アフリカ**	サンマリノ	ポルトガル
韓国	ドミニカ共和国	チュニジア	スイス	マケドニア（旧ユーゴスラビア）
台湾	バハマ	モーリシャス	スウェーデン	マルタ
香港	バルバドス	レソト	スペイン	モナコ
マカオ	ホンジュラス		スロバキア	ラトビア
	メキシコ	**欧州**	スロベニア	リトアニア
北米		アイスランド	セルビア	リヒテンシュタイン
アメリカ	**大洋州**	アイルランド	チェコ	ルーマニア
カナダ	オーストラリア	アンドラ	デンマーク	ルクセンブルク
中南米	ニュージーランド	イギリス	ドイツ	
アルゼンチン		イタリア	ノルウェー	
		エストニア	ハンガリー	

注：インドネシア、タイ及びブルネイは「15日」、アラブ首長国連邦は「30日」、その他の国・地域については「90日」
出典：外務省ホームページ「ビザ免除国・地域（短期滞在）」

①対象となる国が限定される
②短期滞在のみの場合に適用される

①については不法残留などの可能性が少ない国や、観光客としてもっと来てほしい国などと個別に取り決めをします。アメリカ、オーストラリア、韓国、イギリス、ドイツなどとなっています（表1）。

さらに二〇一三年七月からはタイ、マレーシア、二〇一四年十二月からはインドネシア（事前登録必要）にも拡大されています。これは「観光立国」の方針のもと、東南アジアからの外国人観光客を増加させるためのものです。これこそが、まさに近年の外国人観光客の増加の背景の一つとなっています。

②で短期滞在に限定している理由は、やはり事前の審査なくパスポート一つで日本に来ることができるので、やみくもに拡大するわけにはいかないからです。あくまでも短期の観光客、すなわち生活するのではなく、短期間で帰国する人々を対象としています。

日本に入国する外国人の大多数が短期滞在で、この「ノービザ」の恩恵を受けています。二〇一六年に日本に新規に入国した外国人約二一〇九万人中、実に約二〇六七万人が「短期滞在」でした。このうち約一五七七万人が査証免除対象国からの訪問者でした（法務省入国管理局「出入国管理統計」）。

ちなみに、在留資格「短期滞在」から他の在留資格への変更は「やむを得ない特別の事情に基づくものでなければ許可しない」（第20条）となっており、基本的には引き続いて在留ができないものとなっています。

ただし査証免除は、不法入国の手段として使われる危険性もあります。筆者が聞き及んだ事例として、アフリカのナイジェリア人が、日本に入国するために査証免除の対象国の一つである、同じアフリカのレソトの偽造旅券を手に入れ、入国しようとしたそうです。しかし入国審査の段階で偽造旅券であることが見破られたそうです。

このように、出入国管理に関するルール変更が、外国人観光客の増加という形で、われわれ日本人にも大きな影響を及ぼすことがご理解いただけたと思います。

なお、こうした査証免除は相互に実施することが多く、日本が査証免除をしている国々への日本人の短期の訪問においても、ノービザ扱いとなり、利便性が向上します。このため、観光目的で海外に行くにあたって、実際に査証を取得したという日本人はあまり多くないのではないでしょうか。

査証のための事前協議

一方「短期滞在」以外の在留資格の対象者については、やはり査証が免除されることはありません。一度に許可される在留期間も最大五年間と長期に及び、また日本で就労することができる在留資格もあります。さらに「日本人の配偶者等」などの身分に基づく在留資格では、就労活動も制限されていません。

それで「短期滞在」以外の外国人には、やはり査証と入国審査というダブルチェックを実施しているのです。

ところが、これを実施するとなるとかなりの手間になります。

たとえば、「日本人の配偶者等」の在留資格に該当するはずの、日本人と婚姻した外国人がいるとします。「日本に行きたいから査証をください」と領事館に申し出ても、外国ではその人が本当に日本人と結婚しているのか確認できません。

このため、領事館は東京の外務省を通じて、法務省にこの人の日本人との婚姻の事実について調査してください、というお願いをします。

これを受けた法務省は、日本にいる配偶者に連絡して婚姻届の提出を求めたり、事情を聞くなどして、婚姻の事実を確認します。確認ができれば外務省に対して「本当に結婚しています」と報告し、外務省からその旨の報告を受けた領事館は、「大丈夫だろう」ということで、査証を発給するということになります。

これは「査証事前協議」と呼ばれるものですが、外務省と法務省が関係することなどから、時間が非常にかかるという問題があります。数十年前と比較して在日外国人数が増えた現在となっては、多くの外国人に対応しきれません。

代理人による事前申請

そこで導入されたのが「在留資格認定証明書」というものです。これは、「短期滞在」と「永住者」など以外で日本に来日しようとする外国人について、事前に入国管理局が在留資格の該当性について審査をし、それを「認定」した人に対して交付するものです。日本に行く予定の外国人は、この証明書を現地の日本領事館に提出します。領事館としては、「事前に入国管理局が審査をして認定しているのだから大丈夫だろう」ということで、よほど大きな問題がなければ、迅速に査証を発給することができます。

そのうえでその外国人は、この証明書を持って日本の空港にやってきます。入国審査をする入国審査官に提出すると、事前に審査済みであることがわかります。またそもそも入国管理局で審査されているため、すでにシステムに情報が入力されています。このため、先ほどの上陸拒否事由に該当するなどのよほどの問題がなければ、入国を許可することが可能になります。もちろん上陸拒否事由に該当するかどうかは、事前審査の段階でも確認されてはいます。

このように事実上の事前審査制度を設けることで、査証発給と入国許可を迅速に行うことが可能になるのです。

入管法では、「在留資格認定証明書」について、以下のようになっています（第7条の2）。

法務大臣は……本邦に上陸しようとする外国人……から、あらかじめ申請があったときは、当該外国人が前条第一項第二号に掲げる条件に適合している旨の証明書を交付することができる。

「前条第一項第二号に掲げる条件」とは先ほど説明した入国審査官による入国審査の、在留資格に関する活動についてでした。つまり、この外国人はこの在留資格の活動を行うことに適している、という証明書です。

ここでは「本邦に上陸しようとする外国人」に注目してください。あくまでもこの証明書の発行を申請するのは、入国予定の外国人となっています。申請先は法務大臣、すなわち入国管理局です。

まだ日本にいない外国人が入国管理局に書類を提出できるのだろうか、と思われるかもしれませんが、入管法上、さらに「当該外国人を受け入れようとする機関の職員その他の法務省令で定める者を代理人としてこれをすることができる」（第7条の2）となっています。

たとえば留学生であればその留学生を受け入れる大学が、就労者であればその就労者を受け入れる企業が代理人となります。そうした企業や大学は、受け入れ予定の学生や社員から、在留資格に該当することを立証する資料を集めて、それを本人の代理として入国管理局に申請します。

入管法上、基本的には本人が入国管理局に出向いて、在留資格に関する申請をすることになっているのですが、そもそも日本にいない外国人の場合にはそれは不可能ですので、受け入れ機関が代理となることを認めているわけです。

なお、二〇一六年では「査証事前協議」については六六一四件でしたが、「在留資格認定証明書の申請」は約四一万九〇〇〇件でした（「出入国管理」平成29年版）。現在では圧倒的に「在留資格認定証明書」による事前審査方式が用いられているわけです。

このため、ある外国人が「短期滞在」以外の在留資格で日本に入国しようとする場合、いきなり領事館に行って「査証を出してください」と言っても、原則「在留資格認定証明書を提出してください」と言われることになります。

指紋提供の義務

海外旅行に行き、入国審査の際に、指紋を提供したことがある方もいると思います。もっとも昔のような黒インキをつけて紙に押すのではなく、スキャナーの上に指を置くようなものだと思われます。

日本に入国する外国人にも全員に対して指紋と顔写真の提供を求めています。入管法上は「個人識別情報」と呼ばれており、外国人は入国申請時にそれを提供しなければならないことになっています（第6条）。

この目的としては、一つにはテロリストの入国を防止するためです。日本とアメリカでは、テロリストの指紋などの個人情報を共有できることになっています（日・米重大犯罪防止対処協定）。それを入国審査時に活用することによって、テロリストの日本への入国が阻止できます。

さらに別の活用法もあります。入管では過去に強制送還になった外国人の指紋情報が蓄積されています。これと照合させることも可能になります。

このことは、先ほど述べた「上陸拒否事由」と密接な関係があります。事由の一つとして、強制送還されてから五年以内、という項目がありました。

それでも日本に再度入国したいという外国人が、偽造パスポートを用いたり、正規のパスポートであっても、名前や生年月日を変えたりすることがあります。日本では想像しがたいと思いますが、わいろを払えばそうした個人情報を変えることができる国もあるようです。

この場合、名前や生年月日と照合したのであれば、過去に強制送還された人かどうかわかりませんが、指紋と照合するとたちどころに判明するわけです。

また顔写真もデジタルで撮影されます。

身分証としての在留カード

「在留カード」とは、外国人にとっての重要な身分証明書です。市役所での住民登録はもちろん、携帯電話の契約や銀行口座の開設時など、日常生活のさまざまな場面で、合法的に日本に在留していることや住所の証明になります。

ただし、すべての外国人に交付されるものではありません。「短期滞在」の在留資格の外国人、それ以外の在留資格でも在留期間が三か月以下の場合は交付されません。つまり短期の観光など以外で、比較的長期間日本に在留・生活する人々が対象です。

入管法上、この在留カード発行の対象となる外国人は「中長期在留者」と呼ばれており、法務大臣は、この「中長期在留者」に在留カードを交付します（第19条の3）。

新千歳、成田、羽田、中部、関西、福岡などの主要空港から入国する「中長期在留者」

にはその場で発行されます。

記載内容として、氏名、生年月日、国籍はもちろんですが、在留資格、在留期間、在留期間満了の日、就労制限の有無についても記載されています（第19条の4）。このため在留カードを見ると、その外国人がどういった在留資格で、いつまで日本に滞在できるのかが即座にわかるわけです。

また、就労制限の有無についても記載されていることから、外国人を雇用したい企業が在留カードを見ることによって、働かせてもいいのかそうでないのかが、たちどころにわかるようになっています。

たとえば留学などの就労が認められていない在留資格の場合には、「就労不可」と記載されています。ただし第二章で述べた「資格外活動許可」については、許可を受けている場合は、その旨の印が押されることになっており、アルバイトとして雇っていいかどうかもわかるわけです。

住所も記載事項の一つですが、入国したばかりの外国人には住所がありません。そこで、入国後住所が決まってから、地元の市役所に行って住民としての登録をします。その際に在留カードを持っていくと住所が記載され、これによって公的に住所が証明できることになります。なお、この住所の登録は住所を定めた日から十四日以内に行うことが入管法上の義務になっています（第19条の7）。

また入管法上、在留カードの交付を受けた外国人は常時携帯する義務があります（第23条）。警察官による職務質問の際に、提示が求められることがありますが、外国人の側は提示する義務があります（同上）。観光客でもないのに在留カードを携帯していないということで、不法滞在であることが即座に判明することもあります。

ちなみに、短期の外国人観光客であっても、パスポートを携帯することが入管法上の義務になっています（同上）。

なお、外国人でも、在留カードの対象となる「中長期在留者」であれば、住民票に記載されます。このため日本人と同様に「住民票の写し」を入手することができます。また住民として、国民健康保険といった各種の社会保障の対象にもなります。

このように在留カードが外国人にとって非常に重要なものであるため、在留カードを持たない不法滞在の外国人向けに、在留カードが偽造されることがあります。二〇一四年三月、愛知県警は在留カードを偽造したとして、中国人の男女三人を逮捕しました。この容疑者はインターネットの掲示板で「在留カード作れます」と宣伝し、全国二四都府県の外国人に偽造カードを販売していたとのことです。一枚当たりの報酬は二万円だったようです(日本経済新聞名古屋版朝刊、二〇一四年三月四日)。

以上、この章では外国人観光客の増加の背景とともに、外国人が日本にやってくるための手続きについて説明しました。このような手続きで入国した外国人は、在留資格を得て日本に在留することになります。

次の章では、外国人が日本でどのような仕事ができるのかについて説明します。

第三章のポイント

①日本に入国を希望する外国人は、日本領事館で「査証」を得て、さらに入国審査官の入国審査を受ける。
②信頼できる国からの観光客には「査証」を免除している。これが外国人観光客の増加の背景の一つ。
③観光客以外では、ほとんどは入国管理局による事前審査を行い、それに合格したことを示す「在留資格認定証明書」が発行される。
④外国人の入国審査では指紋と顔写真を提供しなければならない。
⑤観光客以外の中長期在留をする外国人には「在留カード」が発行される。常時携帯義務のある、外国人にとって非常に重要な身分証明書。

第四章　人手不足分野の仕事

外国人に許可された仕事

「外国人労働者」といわれますが、そもそも外国人はどのような仕事（労働）をすることが認められているのでしょうか？

先に、外国人が日本に在留できる許可としての在留資格について説明しました。そして、それぞれの在留資格では外国人が行うべき「活動」について定められていました。

このため外国人は、それぞれの在留資格において認められた活動の範囲内で生活することになります。そして、その活動の中に就労できることが含まれていれば、その範囲内においてのみ仕事ができるわけです。この章では在留資格との関係から、外国人はどのような仕事ができるのかについて解説します。

「活動」について定めた在留資格は二四種類あります（二〇一八年現在）。

外交、公用、教授、芸術、宗教、報道、高度専門職、経営・管理、法律・会計業務、医療、研究、教育、技術・人文知識・国際業務、企業内転勤、介護、興行、技能、技能実習、文化活動、短期滞在、留学、研修、家族滞在、特定活動（別表第一）

さらにこれに加えて、二〇一九年四月から「特定技能」が追加されます。

このうち「文化活動」「短期滞在」「留学」「研修」「家族滞在」は就労が認められていません。ただし、資格外活動許可という制度があるため、留学生でもアルバイトが可能であり、このためコンビニに外国人店員が多いことを第二章で説明しました。

また「家族滞在」とは、別表第一の在留資格を持つ人の配偶者や子供が対象になるものです。夫・妻、子が同伴できることを意味します。さらに「外交」と「公用」は外交官などが対象のため、通常の外国人とは異なるものです。

実習生は五年で十三万人増

ここからは、就労可能な在留資格のうち主なものを見ていきます。

最も多いのが在留資格「技能実習」で、二〇一八年六月末では約二八万六〇〇〇人となっています。

この在留資格で「本邦において行うことができる活動」は次のようになっています。

外国人の技能実習の適正な実施及び技能実習生の保護に関する法律（技能実習法）第八条第一項の認定……を受けた技能実習法第八条第一項に規定する技能実習計画……に基づいて、講習を受け、及び技能、技術又は知識……に係る業務に従事する活動（第一号イ）

このように在留資格「技能実習」については、二〇一七年に成立した「技能実習法」という別の法律で規定されています。

「技能実習法」の目的として、以下のように規定されています（技能実習法第1条）。

この法律は、技能実習に関し、基本理念を定め、国等の責務を明らかにするとともに、技能実習計画の認定及び監理団体の許可の制度を設けること等により……技能実習の適正な実施及び技能実習生の保護を図り、もって人材育成を通じた開発途上地域等への技能、技術又は知識（以下「技能等」という。）の移転による国際協力を推進することを目的とする。

このように技能実習の理念としては「人材育成を通じた開発途上地域等への技能等の移転による国際協力」となっています。いわゆる「技術移転」と呼ばれるもので、母国では習得できない技術を日本で実習を通じて習得し、帰国後、母国の発展のために役立てるというものです。

一年目に「1号」として講習と実習を、二年目・三年目に「2号」として実習を行うことになっています。さらに「3号」として「技能実習評価試験」または「技能検定」に合格した者については、いったん帰国後、さらに最長二年間の実習が可能になります。

この「1号」から「2号」への移行者、約八万三〇〇〇人についての職種別の統計（二〇一六年度）では、「機械・金属」と「食料品製造」がともに約一八％、「建設」が約一七％、「繊維・衣服」と「農業」がともに約一二％となっています（国際研修協力機構）。

また受け入れの方法についても「企業単独型」と「団体監理型」の二つがあります。前者は日本企業が直接に受け入れるものですが、後者は中小企業団体などが受け入れ団体となって実習生を受け入れ、傘下の中小企業において技能実習を実施するものです。二〇一七年末では団体監理型が約九七％と圧倒的多数です（法務省データ）。

この制度については、確かに技能実習法において「技能実習は、労働力の需給の調整の手段として行われてはならない」（第3条）と明記されているものの、本来の目的の「技術移転」ではなく国内で労働者が不足する産業の穴埋めとして使われているという指摘が度々なされています。このことを示すように、二〇一三年末では約一五万五〇〇〇人だった移行者が二〇一八年六月末では約二八万六〇〇〇人と、四年間で倍近くに急増しています。

この制度をあくまでも「技術移転」として位置づけるのか、それとも正面切って「労働力不足解消」と位置づけるのかについては議論の分かれるところだと思います。後に述べる、二〇一八年の入管法改正で創設された在留資格「特定技能」については、明確に人手不足分野での外国人受け入れとして位置づけています。

ちなみに筆者は二〇一七年九月から、北海道の稚内市の酪農地帯に家を賃借して、二地域居住を行っています。地域の行事にも招いていただきましたところ、近所の酪農家が受け入れている中国人の女性の技能実習生も行事に参加しており、地域に馴染んでいるという印象を受けました。彼女たちを雇用している酪農家の話では「日本語はできないけれども、きちんと仕事をしてくれる」とのことでした。

また技能実習生は日曜が休みのようで、稚内市内のスーパーに集団で買い出しに来ている姿を見かけます。特売の卵の「お一人様一パック限り」のところにだけ中国語の表示があり、中国人の実習生が買い物に来ていることを示しています。

専門性が求められる「技術・人文知識・国際業務」

「技能実習」に次いで多いのが「技術・人文知識・国際業務」です。二〇一八年六月末で、この在留資格で在留する外国人は、約二一万二〇〇〇人となっています。日本で働く外国人の代表格といえるものです。

この在留資格で「本邦において行うことができる活動」は次のようになっています。

本邦の公私の機関との契約に基づいて行う理学、工学その他の自然科学の分野若しくは法律学、経済学、社会学その他の人文科学の分野に属する技術若しくは知識を要する業務又は外国の文化に基盤を有する思考若しくは感受性を必要とする業務に従事する活動

少し複雑ですので、読み解くと、①自然科学、②人文科学、③外国の文化・感受性のいずれかが必要とされる業務のための活動ということです。より詳細には①と②については

原則として大学卒業、または「一〇年以上の実務経験」が必要となっています。③については「翻訳、通訳、語学の指導」などとされています。またすべてにおいて、日本人と同等以上の報酬であることも求められています（基準省令）。

つまり①と②については、日本人の大卒者と同様に大学で勉強した知識でもって日本企業に就職する、というものです。③については語学学校の外国人の先生をイメージするとわかりやすいと思います。まさに「外国の文化に基盤を有する思考」といえます。

この在留資格によって、大卒資格を持つ外国人や外国人に特有な知識（たとえば語学能力）を持つ外国人の就労が認められています。外国人を安く雇うということは認められておらず、あくまでも日本人と同等の報酬を出さなければなりません。

いわゆる「単純労働者」の明確な定義はないのですが、少なくとも大卒以上の外国人は、そのようには考えられていないわけです。

かといって、その外国人が大卒でありさえすれば、どんな就労内容でもいいというわけではありません。あくまでも自然科学や人文科学の「技術若しくは知識を要する業務」や、語学能力などが必要とされる業務であることが求められています。このため特に大卒者については、大学で学んだことと企業での業務の関連性が重要となります。

このことに関連して、二〇一四年九月「餃子の王将」で、この在留資格の中国人の男性五名を調理人として雇った疑いがあるとして、フランチャイズ店を経営する会社の代表が、不法就労助長で逮捕された事件がありました（朝日新聞、二〇一四年九月二十六日）。あくまでも大卒の技術や知識、または語学能力を活かした就労活動に限定されるので、それとは関係のない調理人としての就労は「資格外活動」になります。またそれを助長した経営者も「不法就労助長罪」で罰せられます。

留学生の就職

近年留学生が日本の大学を卒業して、日本企業に就職することが増えています。グローバル展開をしている日本企業の中には、積極的に留学生を採用する企業もあります。仮にどこかの国に進出する際、その国の留学生を雇えば現地事情を知っていることはもちろん、日本の大学で勉強していることから、正社員としても活躍が期待できるわけです。

またそうした特別な目的がなくとも、グローバル化を踏まえたうえで社内の多様化を図るために、積極的に留学生を採用している企業もあります。

そうした企業が留学生を正社員として採用できるのも、まさにこの「技術・人文知識・

国際業務」の在留資格が存在しているためです。いわばこの在留資格は、こうした企業のニーズにも合致するものといえるでしょう。

入国管理局は、留学から就労を目的とする在留資格への変更の数を公表しています。二〇一七年では二万二四一九人でした。このうち、「技術・人文知識・国際業務」は二万四八六人で、大半を占めています。二〇一二年では総数一万九六九人だったところ、五年間で倍増したことになります。これには人手不足・景気回復が背景にあると思われます（法務省入国管理局「平成29年における留学生の日本企業等への就職状況について」）。

このように、現在の在留資格制度でも「留学生から日本企業の正社員へ」という流れは確立されているのです。実は以前は「技術」と「人文知識・国際業務」が別の在留資格であったのですが、入管法改正によりこれらが二〇一五年四月に統合されています。この背景として「技術」の場合は理系の学位、「人文知識・国際業務」は文系の学位が必要で、企業に入ってからの分野と大学での学問分野との関連性が問われる、ということがありました。このため、せっかく就職が内定したにもかかわらず、学問分野との関連性がないという理由で、在留資格の変更が許可されない留学生もいました。二つの統合はこれを解消するためのものです。

留学生から日本企業の正社員へという外国人をもっと増やしたいのであれば、在留資格上の制度はもうできているのですから、あとは日本企業がもっと留学生を採用するかどうかにかかっているといえるでしょう。

ここに外国人政策の一つの限界があるといえます。

特に就労可能な在留資格では、結局のところ日本企業がそうした外国人を雇用するかどうかにかかっています。この「技術・人文知識・国際業務」でみたように、留学生を日本企業が採用することは、少なくとも学業と業務の関連性がある限り、入管法上、基本的に制限されていません。そうした外国人が増えるかどうかは、あくまでも個別の企業の判断によるわけで、このことを個別の企業に強要することは難しいといえます。もしやるとすれば、障害者の法定雇用率のように、外国人の法定雇用率を設けることになるでしょうか。

このように、外国人政策を議論する場合、「入管法でできること、できないこと」をしっかり分けて考えることが非常に重要です。

コックやパイロットなどが該当する「技能」

次に、在留資格「技能」をみていきます。二〇一八年六月末現在、この在留資格を持つ外国人は約三万九〇〇〇人です。

この在留資格の「本邦において行うことができる活動」は次のようになっています。

本邦の公私の機関との契約に基づいて行う産業上の特殊な分野に属する熟練した技能を要する業務に従事する活動

「技術・人文知識・国際業務」は大卒の知識や語学能力という、どちらかというと「頭」を使うものであったのですが、「技能」の場合はどちらかというと「手」を使うものといったイメージです。

「特殊な分野に属する熟練した技能」の詳細については、主に次のようになっています。

①料理の調理又は食品の製造（外国において考案され我が国において特殊なものを要する業務に従事する者）
②外国に特有の建築又は土木
③外国に特有の製品の製造又は修理

④宝石、貴金属又は毛皮の加工
⑤動物の調教
⑥石油探査のための海底掘削、地熱開発のための掘削又は海底鉱物探査のための海底地質調査
⑦航空機の操縦
⑧スポーツの指導
⑨ぶどう酒の品質の鑑定、評価及び保持並びにぶどう酒の提供

これらについては、おおむね「一〇年以上の実務経験が必要」と定められています（基準省令）。また、日本人と同等以上の報酬であることも必要とされています。

わかりやすいのが①で、外国料理のコックです。⑦は外国人のパイロットです。⑧はオリンピックや世界選手権大会に出場したことがある人などが対象になっています。いわゆる「外国人コーチ」が念頭にあるといえます。⑨はいわゆる「ソムリエ」が念頭にあるといえるでしょう。このようにまさに「手に職」があるさまざまな外国人の日本での在留と、それに基づいた就労を認めています。

もちろん、時代によって求められる技能は変わってきますので、外国人で特定の技能を有する人にもっと来てほしい、ということであれば、この在留資格「技能」の定義を拡大することによって可能です。また「一〇年以上の実務経験」を短縮することも考えられます。しかも、これらの詳細な技能については、法律ではなくその下の省令で決められていますので、法改正の必要はありません。

高度人材を受け入れるべきか

次に在留資格「経営・管理」をみていきます。

二〇一八年六月末現在、この在留資格を持つ外国人は、「技能」に次いで、約二万五〇〇〇人になっています。

この在留資格の「本邦において行うことができる活動」は次のようになっています。

本邦において貿易その他の事業の経営を行い又は当該事業の管理に従事する活動

この詳細については次のようになっています。

①事業所が日本にあること（事業が始まっていない場合は施設が確保されていること）
②－1　経営・管理の者以外に二名以上の常勤職員がいること（別表一の外国人は除く）
または
②－2　資本金または出資額が五〇〇万円以上
③「管理」業務をする場合には、経営・管理における三年以上の経験

①は当たり前といえば当たり前です。
②については、事業の規模についての制限といえます。現在、最低資本金制度が廃止されたため、資本金が一円でも会社設立が可能となりました。これに対し、外国人の経営者には「二名以上の常勤職員」または「資本金五〇〇万円以上」という制限がかけられています。
この点は判断が難しいのですが、外国人による資本金一円の会社設立を「経営・管理」の対象として認めてしまうと、それこそ在留目的のために悪用される可能性が高いことから、一定の制限は致し方ないと思います。

③については、自ら経営をするのではなく企業における指揮・監督といった管理的業務が対象となります。たとえば、部長、工場長、支店長などといったものが該当すると考えられます。

このため自ら経営を行う外国人の起業家の場合は、「二名以上の常勤職員」または「資本金五〇〇万円以上」であれば可能、ということになります。

これは二〇一五年四月から、入管法改正によって、かつての「投資・経営」から変更されたものです。この名が示すように、「投資・経営」においては、その外国人が投資を行った事業でなければなりませんでした。「経営・管理」では、この「投資」が外されて「投資はしないけれど、自分が経営したい」という外国人も対象となりました。

先ほどの留学生からの就労を目的とした在留資格変更に関して、「経営・管理」に変更したのは二〇一七年で七一二名でした（法務省入国管理局「平成29年における留学生の日本企業等への就職状況について」）。おそらく在学期間中に、何らかの企業を立ち上げたのではないかと考えられます。「投資・経営」から「経営・管理」に変更されたことで、今後、起業する留学生も増えるかもしれません。

これと関連して、日本経済新聞の「外国人とともに生きる　受け入れ拡大へ向け総合戦略を」と題する社説（二〇一六年一月十日）で、次のような指摘がありました。

日本は高度人材の受け入れ競争でシンガポールなどに比べて大きく出遅れており、より魅力的な仕組みで優秀な人材を引き入れる必要がある。永住許可の申請条件の緩和や起業家向けの在留資格を特別につくるなど外へ向かって積極的なアピールをしていくべきだ。

ということですが、起業家向けの在留資格を「特別につくる」必要はなく、まさにこの「経営・管理」が「起業家向け」に該当しています。現在は「常勤二名」や「資本金五〇〇万円」という制限がありますが、もしこの敷居が高いというのであれば、法律の下位の省令を改正すれば、制限の緩和は十分に可能です。

実際、先ほど述べたように、すでに「投資・経営」から改められ、要件がかなり緩和されています。

外国人政策に関心が持たれることは、大変喜ばしいのですが、だからこそ、入管法に則した議論が必要であることを、改めて強調しておきたいと思います。

ちなみに、筆者がシンガポール人の留学生から聞いた話によると、シンガポールでは、メイドとして就労するインドネシア人やフィリピン人の外国人女性、単純労働をするインド人やバングラデシュ人の外国人男性は、「シンガポール人がやりたくない仕事をやってくれる」として歓迎されているとのことです。一方、いわゆる高度人材の外国人が多数、有名企業のCEOのポストに就任し、シンガポール人の機会が奪われているとして、国内で反発が強まっているとのことです。

外国人受け入れでは先進的なシンガポールにおいても、高度人材の外国人は全面的に歓迎、というわけではないようです。

個別の事情に対応する「特定活動」

「特定活動」という在留資格があります。これは、活動に基づく在留資格の「ごった煮」ともいえるものです。二〇一七年末現在、この在留資格を持つ外国人は約六万五〇〇〇人です。

この在留資格の「本邦において行うことができる活動」は次のようになっています。

法務大臣が個々の外国人について特に指定する活動

他の在留資格と違って、類型化されておらず、「個々に」指定することになっています。メニュー化＝類型化するための在留資格だったのでは、と思われるかもしれません。確かに類型化も重要なのですが、その一方で、すべての在留資格をがっちり類型化してしまうと、「こうした外国人を入れたい」と思ったときにすぐに対応できません。なぜなら法改正が必要だからです。また細かい部分は省令を変更すればいいのですが、これにも時間がかかることがあります。

このため、あえて法務大臣が「個々に」活動を指定するという在留資格を設けておくことによって、柔軟に「こうした外国人を入れたい」といった場合に対応できることになります。何かあったときの「予備」のようなものといえます。

とはいっても、本当に法務大臣が個別に指定するわけではなく、法務省の告示、いわば「お知らせ」のようなもので、明文化されています（平成二年法務省告示第百三十一号、最近改正平成三十年六月十三日）。

多くの場合があるのですが、主に以下のようになっています。

①家事使用人

いわゆる「メイド」のことです。外交官などに認められています。また「高度専門職」「経営・管理」「法律・会計業務」の在留資格の外国人についても月額二〇万円以上の報酬を支払うことなどが条件に認められています。これに該当する外国人は、一一四〇人です（二〇一七年十二月末現在、以下同様）。

②ワーキングホリデー

観光滞在をしながらの就労です。日本人で経験された方も多いのでご存じかもしれません。基本は観光目的ですが一定程度の就労も可能です。これも第三章で述べた「査証免除」と同様に国と国の間で相互に行うことになります。日本人がワーキングホリデーとして行ける国が多いのですが（オーストラリア、カナダ、ドイツなど）、その逆も同様になっています。これに該当する外国人は一万二五八九人です。

③医療滞在（いわゆる「メディカル・ツーリズム」）

人間ドックや病気の治療のために、日本に在留する外国人を認めるものです。全学自費で支払うため、医療機関にとってはいい収入になることから、海外の富裕層を招こうという趣旨です。これに該当する外国人は三一二人です。

④経済連携協定の対象者

インドネシア、ベトナム、フィリピンとの間で締結された経済連携協定（EPA）に基づくものです。これらの国から看護師、介護福祉士の資格取得を目的として在留し、日本の医療機関・介護施設で研修を行います。在留期間に資格試験に合格できれば、引き続き、就労が可能となる枠組みです。この対象者については「特定活動」の在留資格を付与する形になっています。これに該当する外国人は三一二六人です。

⑤外国の学生のインターン

外国の大学の学生が、日本でインターンをするものです。教育課程の一部である場合と、夏休みなどの授業が行われない期間のものが認められています。なお、両者ともに報酬を受けることができるのが特徴となっています。これに該当する外国人は一八九四人です。

通常、日本のインターンは、卒業予定者が興味のある業界を知るために、無給で数日間（中には一日間）実地で研修を受けるような位置づけですが、これとは異なっています。

このように「特定活動」は、特定国を対象としたものや、あくまでも臨時の取り組みで用いられることが多いようです。法改正をして在留資格を作ることは、長期間継続させるのを前提とすべきだからともいえます。メニューの頻繁な書き換えは、あまりよくないかもしれません。

その前に、実はこのように「告示」で明文化されているものだけではなく、「告示外」といって明文化されていないものもあります。あくまでも非常に臨時、特別のものであるからだと考えられます。たとえば、第八章で難民認定制度について述べますが、正規在留中に難民認定申請をした外国人に対しても、この「特定活動」が与えられています。また、日本で就職活動をした留学生が就職できなくて、卒業後に引き続き就職活動を行う場合にも与えられることがあります。

このように柔軟に使える在留資格をあえて設けておくことで、突発的にまた臨時に、特定の外国人の在留を認めたい場合に使えるわけです。ただしあまりここが膨らみすぎると、外国人の在留の実態が見えにくくなるという問題もあるように思います。

また先ほど述べた、経済連携協定による看護師・介護福祉士候補の受け入れは、日本人と同様の試験であることもあり、合格率が低いという批判がなされました。こうしたことから、特に介護に関しては、ＥＰＡ協定を結んだ国々に限定するのではなく、一般的かつ恒久的に、「介護福祉士」の資格を持つ外国人の在留・就労が認められました。

介護人材の不足解消にむけて

近年の日本社会の状況が、まさしく政策として反映されたのが、二〇一六年の入管法改正で新設された在留資格、「介護」です（施行は二〇一七年九月から）。

この在留資格の「本邦において行うことができる活動」は次のようになっています。

本邦の公私の機関との契約に基づいて介護福祉士の資格を有する者が介護又は介護の指導を行う業務に従事する活動

これにより、日本の「介護福祉士」の資格を持つ外国人は、介護施設で就労できます。

入管法の別表第一の就労が可能な在留資格は、日本が専門的知識・技術を持っていると認定した外国人の就労を認めるという意味でした。「介護」が加わるのは、現時点において、「介護福祉士」の資格を持つ外国人が「専門的」であると考えられるようになった、ともいうことができます。

このことは、現在日本社会の状況と密接に結びついているでしょう。人口の高齢化に伴って、介護人材が大幅に不足することが予想されています。「介護福祉士」という日本の資格を持つ外国人に就労を認めることで、その不足が解消されることが期待されています。介護業界において人材は非常に不足している状況のため、外国人の就労を認めたとしても、日本人の雇用が失われることもなく、安定的に就労できることも期待できます。

どういった外国人に就労を認めるかについて、専門的かそうでないか、という考え方も重要ですが、国内にどのような人材が不足しているのか、外国人が日本人の雇用を奪うことなく、安定的に働くことができるのか、という視点も重要です。その意味では「介護」の新設は、より「不足」といった側面が重視されたともいえます（これは後述する「特定技能」に直結します）。

もし、さらに外国人の介護人材を増やしたい、というのであれば、日本の「介護福祉士」資格の代わりに、海外の介護の資格を認定するということも考えられます。ただし、その場合は日本語能力など、介護現場で働くのに必要な能力を、どのように保証するかが課題となります。海外の介護資格を持ち一定の日本語能力を持つ外国人の在留・就労を認めることも、在留資格制度の枠内で可能です。

人手不足の受け皿「特定技能」

二〇一八年秋、政府が外国人労働者受け入れ拡大のための、入管法改正案を成立させました。この法改正の要点は、新たな在留資格である「特定技能」の創設でした。

最後にこの在留資格についてみていきましょう。

「特定技能」は「1号」と「2号」に分かれています。

「1号」は、要約すると「人材を確保することが困難な状況にあるため、外国人により不足する人材の確保を図るべき産業上の分野」において、「相当程度の知識又は経験を必要とする技能を要する業務に従事する活動」を行う外国人に与えられるものです。

つまり「1号」は、「人材不足の分野における相当程度の知識又は経験を持つ外国人」の受け入れを意味しています。何が「人材不足の分野」なのか、また、何をもって「相当程度の知識又は経験」とするのかは、入管法そのものには明記されず、今後の運用に委ねられています。政府の方針において、次の一四業種が指定されました（「特定技能の在留資格に係る制度の運用に関する基本方針について」二〇一八年一二月二五日閣議決定）。

介護業、ビルクリーニング業、素形材産業、産業機械製造業、電気・電子情報関連産業、建設業、造船・舶用工業、自動車整備業、航空業、宿泊業、農業、漁業、飲食料品製造業、外食業

「2号」は、これも同様に「人材不足の分野」ですが、求められるのは「熟練した技能」となっています。こちらもまた、何をもって「熟練した技能」とするのかについては、今後の運用に委ねられています。

この新たな在留資格が創設され、これに該当する外国人の在留・就労が認められることになるため、外国人労働者の数は増えていくと考えられます。

ただ、一部の報道でいわれているような「単純労働者の受け入れ」「移民政策」というのは、必ずしも当たっていません。なぜなら「人材不足の分野」に限定されており、また

誰でもいいのではなく、「相当程度の知識又は経験」や「熟練した技能」が求められているからです。加えて、他の外国人と同様に永住許可を得るための要件を満たすことが必要です。しかも、「特定技能1号」の在留期間は、永住許可のための居住期間としてはカウントしないという方針まで打ち出されています（朝日新聞、二〇一八年十一月七日）。

また、「特定技能」で就労する外国人が何らかの理由で働けなくなり、生活保護受給者として財政を圧迫するのでは、という疑問をお持ちの方もいらっしゃるかもしれません。しかし、そもそも生活保護の対象になるということは就労していないということであり、「業務に従事する活動」が求められる「特定技能」の要件を満たさないことになります。このため在留期間の更新ができず、おのずと帰国対象となるでしょう。

ちなみに、そもそも外国人で生活保護の対象となっているのは、別表第二の在留資格である「永住者」「日本人の配偶者等」「永住者の配偶者等」「定住者」のみです。

先ほど在留資格「技能」について解説しましたが、対象となる分野は「産業上の特殊な分野」でした。一方、「特定技能」においては「人材不足の分野」という違いがあります。技能のレベルとして、1号は「相当程度の知識又は経験」であり、2号は「技能」と同様に「熟練した技能」となっています。まさに既存の「技能」を分野的にも、技能のレベル的にも拡大したと位置づけることができます。

この意味では、先ほど解説した在留資格「介護」の創設と基本的には発想が同じです。国内で人材不足の分野において、これまで在留・就労が認められてこなかった外国人を受け入れるために、さらに新たな在留資格を作ったということです。

今後「特定技能」によって在留する外国人がどれだけ増えていくかは未知数ですが、外国人政策の根本的・抜本的な転換とまでは、必ずしもいえないということが、おわかりいただけたかと思います。

ただ、既存の在留資格で認められてきた「外国人にしかできない仕事」から、より「人材不足への対応」へと重点がシフトしたことは事実です。

入管法に則した議論を

このように「外国人は日本でどのような仕事ができるのか」ということを詳細にみていくと、大卒以上の外国人、特別な技能を持つ外国人、経営をする外国人については広範に在留・就労を認めていることがわかります。

それでもあまりそういった外国人が増えないのは、労働市場の事情や日本語能力の問題に原因があります。新卒採用・終身雇用がまだまだ行われている日本は、外国人には参入がしにくい面があります。また、高度な日本語能力を持つ外国人もさほど多くはありません。先ほども述べたように、この点は入管法では対応ができません。

第二章でも述べたように、在留資格とは、日本という店にとってのメニューです。メニュー次第でやってくるお客さんが変わり、店の利益も大きく変わります。「日本の外国人政策」を考える際には、何よりもこの在留資格という重要なメニューに則して、議論を深めていく必要があるでしょう。

近年みられる「もっと外国人を受け入れよう」という掛け声は好ましいことではありますが、あまりに漠然としています。「こういった在留資格を作ろう」とか、「この在留資格のこの要件を変えるべきだ」といった、具体的な議論が求められます。

まさしく最近、政府は「特定技能」という新たな在留資格を創設し、人材不足の分野における外国人の受け入れを拡大する方針を打ち出し、そのための法改正を行いました。ただ「特定技能」創設の法改正のための国会の審議では、「特定技能」そのものの該当性については緻密な審議がなく、「移民政策ではないか」といったレトリック論が目立ったのは残念です。

第四章のポイント

①就労可能な在留資格とは、「こういう外国人は日本で働いてください」という意味。
②留学生が大学を卒業して日本企業に就職した場合、在留資格の「技術・人文知識・国際業務」が与えられる。
③留学生の日本企業への就職の増加のためには、企業が採用を増やすことが重要。
④外国料理のコックなどの「手に職のある人」を対象とする、在留資格「技能」がある。
⑤外国人の経営者・起業家のための在留資格「経営・管理」がある。
⑥外国人の在留・就労を柔軟に認めるための在留資格として「特定活動」があり、ワーキングホリデーなどが対象になっている。
⑦介護人材の不足に対応するために、在留資格「介護」が新設された。
⑧人材不足の産業分野での外国人の就労を認める在留資格「特定技能」が新設された。
⑨外国人政策についての議論は、具体的な在留資格に則して考えることが重要。

第五章　国際結婚した外国人

日本において在留外国人が増加している中、外国人と結婚する日本人も今後増えていくかもしれません。では、日本人と結婚した外国人の在留資格はどうなるのでしょうか？

これまで本書では、「活動に基づく在留資格」について説明してきました。

この章では「外国人と国際結婚すると、どうなるのか？」という問いに答えるために、それらとは違った、身分・地位に基づいて与えられる在留資格について説明したいと思います。

わかりやすいのが「日本人の配偶者等」という、まさに日本人と結婚した外国人に与えられるものです。「活動」ではなく「日本人の配偶者」であるという身分・地位に立脚しています。他に「別表第二」の在留資格の中でも「永住者」、「永住者の配偶者等」、「定住者」があります。

この中の「永住者」は、在留期限が「無期限」の「死ぬまで日本にいられる」ものです。この意味でも非常に重要なものですので、「永住者」については次の章で詳細にみていきます。この章では他の三つをみていきます。

就労は無制限

それぞれについて説明する前に、「別表第二」の在留資格について重要な点を指摘しておきます。

それは「活動」が元になっている「別表第一」の在留資格と異なって、就労に制限がないということです。

第二章でみたように、「別表第一」の在留資格の場合は、就労が認められるものと、認められないものに分かれています。前者であっても、本来の活動の範囲外での「収入を伴う事業を運営する活動」または「報酬を受ける活動」が認められていませんでした。また、就労が認められていない在留資格の場合は、収入・報酬を受ける活動自体が認められていませんでした（第19条）。

一方、「別表第二」の在留資格については、そもそも、こうした収入・報酬活動を制限する決まりがなく、就労活動も自由に行うことが可能です。よって「別表第一」の外国人のように「専門的な分野での就労」といったしばりはなく、それこそ「単純労働」であったり、その従事する時間が何時間であったとしても、入管法上は何の問題もありません。

実はこのことは、後に述べる日系人の在留と就労にも大きく関係しています。

日本人と結婚した外国人は「日本人の配偶者等」

それでは「日本人の配偶者等」についてみていきましょう。

二〇一八年六月末、この在留資格で在留する外国人は、約一四万二〇〇〇人です。

この在留資格の「本邦において有する身分又は地位」は次のようになっています。


日本人の配偶者若しくは特別養子又は日本人の子として出生した者

「日本人の配偶者」はわかりやすいと思います。

「特別養子」とは、「実方の血族（実際の血縁関係がある親族）との親族関係が終了する縁組」に基づく養子です（民法第817条の2）。普通養子縁組の場合には実の親との戸籍上の関係は継続しますが、特別養子の場合は、それが消滅することになります。血のつながりこそはありませんが、養親とのつながりは非常に強いものがあるといえます。

このため外国人が日本人の特別養子となった場合、それを根拠として在留できるように、この在留資格の対象になっています。

「日本人の子として出生した者」はそのとおりのものです。通常日本人の子として出生すれば、国籍法の規定により日本国籍を得られることになります（国籍法第2条）。

ところで、外国で日本人の父と母から生まれた場合があったとします。その国がアメリカのように「とにかくアメリカで生まれればアメリカ国籍」という法律（アメリカ移民法第301条）であれば、出生の段階で日本とアメリカの二重国籍ということになります。日本の国籍法では、この場合「国籍を留保する意思」を示さなければ、日本国籍が失われることになります（国籍法第12条）。このため「日本人の子」であったとしても、外国人である場合が発生する可能性があるのです。

こうしたことから、入管法では「日本人の子として出生した者」、すなわち「血縁的には日本人の子である」という事実に基づいて、この在留資格の対象としています。これによって日本での在留が可能となります。もしそうでなければ他の外国人と同様に「別表第一」の在留資格に該当しなければなりません。

このように「別表第二」では、日本人との血縁的・親族的つながりが非常に重視されています。

そしてそれは「別表第一」の在留資格で求められている「大学卒業」といった学歴や、

「コックとしての一〇年の実務経験」といった、自分が努力すれば身につけることのできるものと違って、そもそもその人に備わっている「身分」や「地位」なのです。

偽装結婚が認められない理由

ここでは、「日本人の配偶者等」のうち最もポピュラーな日本人の配偶者について、より詳細にみていきます。

ここで注意すべきなのは、単なる法律婚のみでは、入管法上の在留資格「日本人の配偶者等」に該当しないということです。

実のところ「別表第二」の在留資格においても、必ずしも「活動」の概念が存在していないわけではありません。入管法上「身分若しくは地位を有する者としての活動」（第2条の2）をすることが求められています。たとえ身分に基づく在留資格であっても、その活動をしないということであれば、在留資格に該当しないことになります。

よって、外国人が日本人との婚姻に基づいて「日本人の配偶者等」の在留資格に該当するためには、「日本人の配偶者としての活動」を行っていることが求められるわけです。

「配偶者としての活動」とは、原則として日本人と同居したうえでの夫婦の共同生活とされています。

確かに民法にも「夫婦は同居し、互いに協力し扶助しなければならない」（民法第752条）と書かれているのですが、現在では夫や妻が単身赴任している場合も非常に多くありますし、また、通い婚、週末婚といった同居を伴わないさまざまな結婚の形態もあるように思います。もちろんこうした形態の結婚が違法ともされていません。

しかし入管法上の日本人の配偶者については、こうした一般的な婚姻形態よりも狭い概念になっています。これはなにも外国人に対して意図的に違った取り扱いをしているわけではなく、入管法上の中核概念である「活動」との関係で導き出されることなのです。

またニュースで「偽装結婚あっせんで逮捕」ということを聞いたことがある方も多いのではないかと思います。これは共同生活などの実態がまったくないにもかかわらず、在留資格を得る目的のためだけに法律婚をする、といったものです。

なぜこうしたことが起こるかというと、次のように指摘できます。

本来日本に来たいと思う外国人は、何らかの在留資格に該当しなければなりません。しかし、どの在留資格にも該当しないとします。それでも「日本に来たい」ということで、日本人とペーパーのうえで婚姻することによって「日本人の配偶者等」の在留資格を得ようとするのです。

こういう場合、ブローカーが介在していることが多く、来日希望の外国人から多額のお金を受け取る契約をし、それを借金として盾にとり、来日後に劣悪な労働条件で働かせることがあります。一方、偽装結婚のために戸籍を提供した日本人には、それなりの手数料が支払われることがあります。

この事例として以下のようなものがあります。

「偽装結婚の疑い、男女4人を逮捕　日本・フィリピン国籍」

偽装結婚を仲介したなどとして（神奈川）県警は、伊勢原市沼目4丁目、自営業青柳芳郎容疑者（六七）やフィリピン国籍の男女ら計4人を電磁的公正証書原本不実記録・同供用の疑いで逮捕し、八日発表した。調べに対し、青柳容疑者は「引き合わせただけだ」と供述し、容疑を否認しているという。

外事課によると、青柳容疑者らは共謀し二〇一三年二月、同国籍の男（三八）と日本国籍の女（三一）とのうその婚姻届を提出した疑いがある。青柳容疑者の依頼でフィリピン国籍の女（五七）が男を紹介したという。

男は同年八月に来日し、「日本人の配偶者等」の在留資格の更新を繰り返していた。調べに「日本でお金を稼ぎたかった」「青柳容疑者に報酬を渡した」と供述しているという。

一四年以降、不法滞在の外国人が年々増加を続けるなか、今年一月に施行された改正出入国管理法で、在留資格の不正取得に罰則が新設された。県警はこの容疑での再逮捕を視野に実態解明を進めている（朝日新聞、二〇一七年十一月九日）。

仮に入管法上の配偶者の概念が、単に法律婚だけでよしとするなら、こうしたことが横行しかねません。この意味でも入管法は外国人の人権を守っているともいえます。

いずれにせよ、日本人、外国人ともに偽装結婚には絶対に加担してはいけません。

「利用婚」もあり？

偽装結婚はまったく婚姻の実態がないから違法なのですが、逆にいうと実態が伴っていれば、入管法上は問題ないことになるのです。

架空の例を挙げます。本田康さん（四九）は奥さんと熟年離婚したばかりでした。

あるとき、バーで中国人女性の李麗《リーリー》さん（二二）と出会います。李さんは在留資格「留学」で在留している大学四年生です。百貨店業界を中心に就職活動をしましたが、結局日本企業から内定を得ることはできませんでした。それでも何とかして日本に残りたいと考えています。

本田さんは李さんを一目で好きになりました。しかし李さんは、本田さんに特別な愛情はありません。ただ、本田さんの好意を「利用」して結婚すれば、日本に在留できることに気づきました。李さんは本田さんのプロポーズを受け入れて、婚姻届を出して共同生活を開始します。

入国管理局としては確かに法律的に結婚をしていて、実際に共同生活をしている実態が伴っているため、特に否定するものがありません。

李さんは晴れて「日本人の配偶者等」の在留資格を手にすることができました。

こうした婚姻のことを「利用婚」と呼びます。李さんからすると、在留資格を手に入れるために、本田さんを利用したわけです。本田さんは、離婚したばかりで、理想の女性にめぐり会うことができたと喜んでいます。

このため、あくまでも相互の利害が一致したうえで実態が伴っているのです。

この場合、仮に「利用婚」であったとしても実態が伴っている限りにおいては、入管法上は特に問題がないことになります。

以前「農村花嫁」というものがありました。お嫁さんのなり手がいない地方の農家が、途上国の女性をお嫁さんとして迎えるというものです。もちろん、これは実態が伴っていますが、その女性からすると先進国でいい暮らしをしたり、働いて家族に送金することが本当の目的だったかもしれません。

もちろん、どこまでが利用で、どこまでが本当の愛なのかはよくわかりません。

いずれにしても実態を伴った婚姻があれば、在留資格が得られる可能性があります。どうしても日本にいたい外国人が、これを利用することは大いにあり得るといえます。

国際結婚自体はすばらしいことですが、そこには少なからず、「在留」ということが関係してくるのは、理解したほうがいいと思います。

在留資格「定住者」とは

次に在留資格「定住者」をみていきます。

二〇一八年六月末で、この在留資格で在留する外国人は、約一九万七〇〇〇人となっています。

この在留資格の「本邦において有する身分又は地位」は次のようになっています。

法務大臣が特別な理由を考慮し一定の在留期間を指定して居住を認める者

このように、実質的には規定する中身がありません。

第四章の活動に基づく在留資格の項で「特定活動」について説明しました。「定住者」はこれの身分に基づくバージョンと考えていただければと思います。すなわち身分に基づく在留資格の「ごった煮」といえるものです。

外国人の活動のパターンと同様に、日本で在留を認めるべき外国人の身分や地位については、あらかじめすべて類型化することが不可能です。法務大臣の権限に委ねることで、法改正を経ずとも、特定の身分を持つ外国人の在留を柔軟に認めることが可能になっています。その詳細は「特定活動」と同様に、法務省の告示で明文化されています（平成二年法務省告示第132号、最近改正平成二十七年七月二日）。

大まかにまとめると次のとおりです。

①日系三世
②日系二世、日系三世、その他の定住者の配偶者
③日本人・永住者の子供、定住者の子供、日本人・永住者の配偶者の連れ子（いずれも未婚かつ未成年で扶養を受ける）
④中国残留邦人とその親族

日系四世も在留可能に

①「日系三世」については、いわゆる日系三世までの日本での在留を認めるものです。「日本人の子として出生した者……の実子の実子」となっています。ただし「素行が善良であるもの」という限定があり、犯罪歴がある者は除かれています。

この結果「日系三世」までであれば、その事実のみによって在留資格「定住者」の対象となります。なお「日系二世」は、「日本人の子として出生した者」として「日本人との配偶者等」の対象です。先ほど述べたように、これらの在留資格では就労活動に制限がないため、「日系二世・三世であること」＝「日本での在留・就労」ということになったの

図4　在日ブラジル人数の推移（1986年～2018年6月）

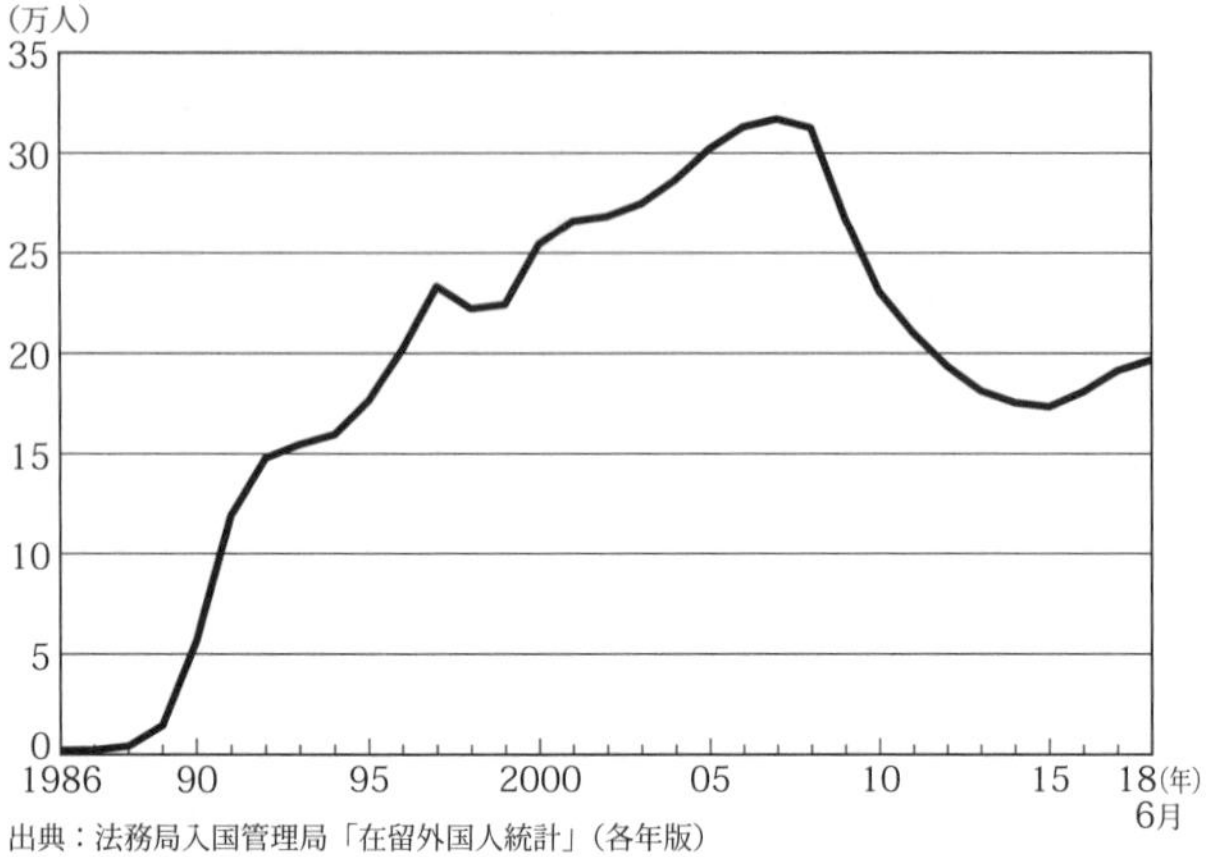

出典：法務局入国管理局「在留外国人統計」（各年版）

です。

これが導入されたのが一九九〇年の入管法改正でした。その結果、ブラジルを中心として、多くの日系人が日本で在留・就労するようになりました。

特に、日系人が多数住んでいるブラジルでは、当時ハイパーインフレが発生するなど経済情勢が非常に悪かったため、日系三世までであれば、事実上日本で在留・就労が可能になったことから、多くの日系人が出稼ぎ目的で日本に入国・在留するようになりました。

このことを示すように、一九八六年での在日ブラジル人は、わずかに二一三五人だったのですが、五年後の一九九一年には約一二万人にまで増加しました。その後も増加し、二〇〇七年には最も多い約三一万七〇〇〇人にまで至りました。しかしその後、リーマンショックの影響などもあり、二〇一五年末には約一七万三〇〇〇人にまで減少しました。しかし近年は増加に転じ、二〇一八年六月末では約一九万七〇〇〇人になっています（図4参照）。

なお、いったん定住者で入国してから、その後永住許可を得たブラジル人も多く（二〇一八年六月末で約一一万三〇〇〇人）、すべてのブラジル人が定住者として在留しているわけではありません。

こうした人々は、雇用が多い地域に集住する傾向にあり、地域社会にも大きな影響を及ぼしています。また、その子供たちの学校からのドロップアウトも、問題として取り上げられています。

ただ入管法の観点からは、日系人の在留は法律で明文化されたものではなく、あくまでも、在留資格「定住者」の中身を定めた「告示」に書き込まれることで、可能となったのです。このため仮に日系人の受け入れを停止しようと思えば、法改正は必要なく、この「告示」から日系人に関する記述を取り去ることで可能になります。

「定住者」に関する法務省告示によって、「日系二世・三世」の人々に、事実上、日本の国境を開放したともいえます。先ほど述べたように、日系二世・三世であることが「定住者」などの在留資格に自動的に結びつくものでした。そしてそれには単純労働も含めて、就労の制限がありません。また、確かに在留期間はあるものの、そもそも「日系人であること」ということで認められていることから、事実上何度でも更新可能です。

このことは、第一章で述べた国際的な人の移動の重大な制約の一つである「国家による制約」を撤廃したともいえます。そこで残るのが「費用による制約」のみとなりますが、航空運賃が非常に安くなっている現在においては、その制約はほとんどないといえます。よって日系人の移動は経済的な動向と直結することになります。リーマンショック後の急速な減少は、まさに日系人の移動が雇用の機会と深く結びついていたことを示しています。

もちろん、どういった外国人にどういった形で在留を認めるかは、日本としての政策判断です。ただ、特定の人々に対して、事実上国境を開放するような政策については、地域社会への影響という観点からも慎重に検討する必要があると思います。

なお、二〇一八年三月、入国管理局は、日系四世でも在留を可能とする措置を発表しました。これは日系三世までのように無制限ではなく、入国時に日本語能力試験N４（基本的な日本語を理解することができる――「日本語能力試験」ウェブサイト、以下同）に合格することが求められています。三年目の在留ではN3（日常的な場面で使われる日本語をある程度理解することができる）の取得が求められ、さらにN2（日常的な場面で使われる日本語の理解に加え、より幅広い場面で使われる日本語をある程度理解することができる）を取得すれば四年目から五年目までの在留も可能になるというものです（法務省ウェブサイト「日系四世の更なる受入制度」）。

日系三世までは、こうした日本語能力が一切問われなかったがためにさまざまな問題が発生したので、日本語能力を重視するこの制度は画期的であるといえます。

その他の類型の「定住者」

②「日系二世、日系三世、その他の定住者の配偶者」は、さらに、そうした日系二世・三世、その他の「定住者」である外国人の配偶者にも「定住者」の在留資格を与えるものです。

③「日本人・永住者の子供、定住者の子供、日本人・永住者の配偶者の連れ子」は日本人・永住者の子供、定住者の子供、日本人・永住者の配偶者の連れ子にも「定住者」の在留資格を与えるものです。

「別表第一」では在留資格に「家族滞在」というものがあり、一部を除く「別表第一」の在留資格の外国人の配偶者と子供に対して、この在留資格による在留を認めています。「永住者」には「永住者の配偶者等」があるのですが、「定住者」にはそれが存在しないことなどから、②や③の人々も「定住者」の対象になっています。

④「中国残留邦人とその親族」は、中国残留邦人とその親族に対して、永住帰国を実現するための入管法上の措置です。第六章で指摘するように、入管法上、入国の段階で在留資格「永住者」は得られません。このため、こうした人々を永住前提で受け入れる場合においても、他の在留資格を用いる必要がありますので「定住者」の対象とされています。

このように、在留資格「定住者」は、日系三世に見られるような、主に何らかの形で日本と血のつながりがあるような人々に対して用いられています。

なお、告示には書かれていない、いわゆる「告示外定住」というものもあります。その代表的なものがいわゆる「離婚定住」で、日本人と婚姻し「日本人の配偶者等」の在留資格を持っていたものの、日本人と離婚したために「日本人の配偶者等」の在留資格がなくなり、結果として日本に在留できなくなってしまう外国人を救済するためのものです。

外国人カップルに永住権が渡るケース

最後に「永住者の配偶者等」をみてみます。

二〇一八年六月末で、この在留資格で在留する外国人は、約三万七〇〇〇人となっています。

この在留資格の「本邦において有する身分又は地位」は次のようになっています。

永住者等の配偶者又は永住者等の子として本邦で出生しその後引き続き本邦に在留している者

「永住者」の配偶者と、日本で生まれてその後も日本にいる「永住者」の子が対象になっています。

この在留資格の存在からも、第六章で述べる「永住者」の強い権利性が確認できます。

まず、先ほど見た「日本人の配偶者等」の場合は、まさに日本人の配偶者という「日本人とのつながり」がある人でした。

「永住者の配偶者等」は「永住者とのつながり」が根拠となっています。この場合、「永住者」は日本人ではなく外国人です。このように永住者の外国人について、その配偶者の在留が認められるのは、まさに「永住者」が「永住を認められるほどに日本につながりがある」と評価されているともいえます。

これはこれで問題ないのですが、この在留資格の存在によって以下のようなケースが起こり得ます。

仮に、外国人女性のジャスミンさんが、日本人の山田和夫さんと結婚したとします。詳しくは第六章で後述しますが、日本人と結婚した外国人の永住許可は三年で認められることがあります。ジャスミンさんは三年の結婚生活の後、晴れて「永住者」となりました。

しかし、実はジャスミンさんには、母国で「本当の」配偶者がいました。マイケルさんです。マイケルさんと日本に住むために、形式的に離婚していたわけです。

その後、ジャスミンさんは山田さんと離婚しました。しかし、いったん永住許可が得られているので、許可が取り消されることはありません。

「本当の」配偶者であるマイケルさんを「永住者の配偶者等」として日本に呼び寄せることが可能になりました……。

もともと「日本人と結婚している」ということで、優先的に永住許可が認められたのですが、離婚したうえに外国人の配偶者を呼び寄せることで、何ら日本人との身分的なつながりがない外国人カップルが登場することになります。入管法的にはまったく問題はないのですが、はたしてこれが妥当かどうかについては、考えていく必要があります。

なおアメリカでは、外国人がアメリカ国民または永住者との婚姻によって永住権を取得した場合には、当初の二年間の期限が付され、その間に関係が消滅した場合には永住権が消滅するという扱いになっています（アメリカ移民法第２１６条）。

生活・就労能力という視点

第六章で解説する「永住者」も含めて、「別表第二」の在留資格の外国人の総数は、約一一二万人です（二〇一八年六月末現在）。実は「別表第一」の外国人の総数も約一一九万人（同上）で、ほぼ同数です（特別永住者を除く）。

しかも「別表第二」の外国人は就労に制限がなく、「日本人の配偶者等」の外国人も、日本人との婚姻が継続する限りは、日本に在留できます。また単純労働も含めて、就労は制限されていません。

この意味でも、日本社会に与える影響は大きいといえます。事実、「定住者」で在留する日系ブラジル人は、たとえば群馬県太田市や静岡県浜松市などにおける地域社会に大きな影響を与えています。日本人の配偶者を含む「別表第二」の在留資格の外国人は、確かに身分や地位を根拠として日本に在留しているわけですが、日本社会での日本語能力を含めた生活能力、学歴や技術といった就労能力についても、高いものを持っていることが望ましいといえます。

特に「定住者」については柔軟に設定が可能なので、こうした生活・就労能力という観点から、制度設計を行っていく必要があるように思います。

このことは、次の章で述べる「永住許可」のあり方とも密接に関係するところです。

第五章のポイント

①「別表第二」の身分・地位に基づく在留資格では、単純労働も含めて就労に制限はない。

②在留資格「日本人の配偶者等」には、「日本人の配偶者」だけではなく「日本人の子として出生した者」なども含まれる。

③入管法上「日本人の配偶者等」に該当するためには、単なる法律婚だけではなく共同生活などの実態が伴っていることが必要。

④在留資格「定住者」は、日系三世など定住者で在留する人の配偶者や子なども対象になる。

⑤「永住者」になると、その配偶者は「永住者の配偶者等」で在留できる。

⑥「別表第二」の在留資格の外国人は「別表第一」の外国人とほぼ同数。就労活動が無制限であることからも、生活・就労能力を踏まえた視点が必要。

第六章　既に移民大国の日本

移民としての永住者

かねて日本が移民政策を採用すべきかどうかについての議論が行われています。二〇一八年に入管法が改正され、在留資格「特定技能」の創設による外国人受け入れが拡大されたことについて、日本政府は「移民政策ではない」としています。それに対して「実質的な移民政策だ」といった批判もなされました。

では、そもそも何をもって「移民」というのでしょうか？ 人によってさまざまな捉え方があると思いますが、ここでは仮に「法律的に永住が認められた外国人」としてみます。この定義に則せば、実は「日本は移民を受け入れている」ということになります。なぜなら外国人の永住を法的に認める「永住許可」という制度があるからです。

この章では、入管法上の永住許可についてみていきたいと思います。

第二章で在留期間について説明しましたが、「永住者」の在留期間は文字どおり「無制限」です。いったん永住許可を得ると、それこそ死ぬまで日本に在留できることになります（ただし強制送還や在留資格取り消しの対象となる場合はあります）。

また、「活動」の制限はありません。就労活動であれ何であれ、自由に行うことができます。ただこれは入管法上の活動の制限がないという意味で、国民に限定された権利（参政権など）を得ることにはつながりません。「国会議員になる」「選挙で投票する」「国家公務員になる」などといった、国民に限定された活動以外は自由に行うことが可能になります。

第五章で説明したように、在留資格「永住者」は「別表第二」の四つの在留資格の一つです。「本邦において有する身分又は地位」は「法務大臣が永住を認める者」となっています。「日本人の配偶者等」の場合は「日本人の配偶者である」といった客観的な事実が必要でしたが、こと永住者に至っては、とにかく法務大臣が永住を認めさえすれば、永住者になれるわけです。

この法務大臣が外国人に在留資格「永住者」を認めることが「永住許可」と呼ばれるもので、入管法第22条に規定されています。

入国当初から永住は許可されない

では入管法上、どうすれば「永住許可」が得られるのでしょうか？

まず「在留資格を変更しようとする外国人で永住者の在留資格への変更を希望するもの」は、法務大臣に対して永住許可を申請しなければならない、となっています（第22条）。

ここでは「在留資格を変更しようとする外国人」に注目してください。「永住者」への申請は在留資格変更の申請の一つということです。在留資格変更とは、すでに何らかの在留資格を持っている外国人が別の在留資格への変更を申請することでした。このため「永住者」の資格を得たい外国人は、すでに何らかの在留資格を持っていなければならないことになります。

このことは入国段階で在留資格「永住者」が与えられないことを意味しています（第7条）。あくまでも他の在留資格で入国して、その後「永住者」を申請できるということです。

この点が、まさに建前として「日本が移民政策を採用していない」ことと深く結びついています。アメリカやオーストラリアなどの移民国家では、入国の当初から永住許可を与えている場合が多々あります。しかし、日本は移民国家ではないので、活動制限・期間制限のある在留資格を得て入国してから、それでも永住したいのであれば、申請を受け付ける構造となっています（もっともアメリカやオーストラリアでも、入国後の永住への変更はあります）。

確かに、こうした特徴はあるにせよ、入管法上、事後的ではありますが外国人の永住は間違いなく認められているのです。

永住許可の要件

法務大臣が永住を認めるための要件は、どのようなものでしょうか。入管法上明文化されているものは以下のとおりです（第22条）。

①素行が善良であること
②独立の生計を営むに足りる資産又は技能を有すること
③その者の永住が日本国の利益に合すると認めたときに限る

なお、日本人や永住者などの配偶者や子供の場合、①と②の要件は免除されています。とりわけ③の「その者の永住が日本国の利益に合する」については、きわめて抽象的で具体的にはよくわかりません。ただ、字面からすると、入管法上、永住許可は非常に厳しいという印象を受けます。

また重要なことに、あくまでも法務大臣が「許可することができる」となっていますので、これらの要件が満たされれば「許可しなければならない」ものではなく、あくまでもこれらの最低基準をクリアーしたうえで、法務大臣の裁量で判断するというものといえます。

このため永住許可については、厳格にすることもできますし、また積極的に認めていくことも可能となります。政府の政策判断に委ねられる幅が非常に大きいのです。

仮に入管法上の永住許可を受けた外国人を「移民」とするのであれば、「移民政策」とは、この永住許可をどのように運用するのか、と言い換えることができます。

永住許可のガイドライン

特に「日本国の利益に合すると認められる」にみられるように、法律上の要件は大変抽象的なものです。「基準が明確ではない」といった批判があったこともあり、入国管理局は「永住許可に関するガイドライン」を公表しています（法務省ウェブサイト）。

まず「素行が善良であること」については「法律を遵守し日常生活においても住民として社会的に非難されることのない生活を営んでいること」となっています。

次に「独立の生計を営むに足りる資産又は技能を有すること」については「日常生活に

おいて公共の負担にならず、その有する資産又は技能等から見て将来において安定した生活が見込まれること」となっています。「公共の負担にならず」については、生活保護を受けていないということでしょうか。「将来において安定した生活が見込まれる」についても、安定した職に就いていて、安定した収入があるという趣旨だと考えられます。

そして「その者の永住が日本国の利益に合すると認められること」については、次のようになっており、現在の政府の見解が色濃く反映されているようです。

ア　原則として引き続き一〇年以上本邦に在留していること。ただし、この期間のうち、就労資格又は居住資格をもって引き続き五年以上在留していることを要する。
イ　罰金刑や懲役刑などを受けていないこと。納税義務等公的義務を履行していること。
ウ　現に有している在留資格について、出入国管理及び難民認定法施行規則別表第二に規定されている最長の在留期間をもって在留していること。
エ　公衆衛生上の観点から有害となるおそれがないこと。

アの「原則一〇年以上の在留」については、特例がありますので、あとでみていきます。

イの「罰金刑や懲役刑などを受けていないこと」は「素行が善良であること」ともオーバーラップするものがあります。犯罪者については永住に値しない、ということでしょうか。「納税義務等公的義務を履行していること」についても、税の滞納がないか、また社会保険の滞納がないかといったものだと考えられます。憲法第30条に「国民は、法律の定めるところにより、納税の義務を負ふ。」とありますので、外国人でありながらも在留期間の制限がなく国民に近い立場の「永住者」となる以上、そうした義務を果たすのは当然といえるかもしれません。

ウについては、第二章で在留期間について説明したことと関連します。それぞれの在留資格には、それぞれ在留期間が設定されています。より長期の在留期間が認められるということは、その分、入国管理局の信用が厚いことを意味すると説明しました。その在留資格で設定されている、最長の期間（それぞれの在留資格で変わります）が認められているということは、その在留資格上の「活動」に対しての信頼があるわけです。こうした期限付きの在留資格で最長の期間が与えられ、安定して在留していることがすでに認められているのであれば、「永住者」への道が開けることを意味しています。つまり、ウは予備審査での合格が必要といったところでしょうか。

なお、在留期間の最長は「五年」ですが、この「五年」は近年に導入されたことから、当面はかつての最長である「三年」でも、このガイドライン上は最長とみなすという取り扱いになっています。

エについては、これ以上の詳細がないのでよくわからない部分もありますが、感染症を持っていないといった趣旨でしょうか。

原則十年で永住

さて、これまで述べてきたガイドライン上の基準は、いずれも主観的なものでした。このため解釈の余地が大きいわけです。「独立の生計」についても、年収○○万円以上といった客観的な基準はありませんでした。

一方、アの在留期間については明確かつ客観的な基準が設定されています。ガイドライン上は「原則一〇年」となっています。日本で永住が認められるためには、日本に十年はいてください、ということです。

ただし、この十年間のうちで「就労資格又は居住資格」を持っている期間が五年以上であることが求められています。「就労資格」とは「別表第一」の就労が認められている在留資格、「居住資格」とは「別表第二」の在留資格のことだと考えられます。

就労が認められる在留資格を持っているということは、在留資格「技能」の「産業上の特殊な分野に属する熟練した技能を要する業務に従事する活動」にみられるように、専門的知識・技術を持って日本に在留することを認められているということを意味します。そうした就労可能な在留資格を得ることができ、かつ在留期間更新もしながら、五年以上にわたって維持できたということは、引き続き就労していく能力があると考えられます。

「別表第二」の在留資格については、「日本人の配偶者等」のように、日本人と関係性が強いことを求めているといえます。日系三世（日本人の実子の実子）に対しては「定住者」が与えられていることからも、日本との血のつながりが重視されるということです。こうした「日本との結合性」がある在留資格を持っていることも求められています。

なお、「就労資格又は居住資格」となっていますので、これらのいずれか、または合算で五年以上必要ということになります。

このため、就労可能な在留資格以外で十年間在留していたとしても、永住許可の対象にはなりません。たとえば、留学生がまず一年間日本語学校で勉強し、その後大学に入学し四年間、その後大学院修士課程で二年間、博士課程で三年間の合計十年間在留していたとしても、不可ということです。

「独立の生計」とも関係しますが、入管法上認められた就労を行う能力や、日本との強い関係性がない限り、いくら長期間いても「永住者」として認められることは難しいようです。

三年以上の婚姻生活

十年の在留というのは確かに長く、それぐらい日本にいる外国人であればすでに生活基盤も確立し、永住を考えている外国人も多いと思います。しかし、この「一〇年」には例外があり、ここにも日本政府の考え方がよく表れています。

例外の一番目として、次のようになっています。

日本人、永住者及び特別永住者の配偶者の場合、実体を伴った婚姻生活が三年以上継続し、かつ、引き続き一年以上本邦に在留していること。その実子等の場合は一年以上本邦に継続して在留していること日本人や永住者の配偶者であれば、なんと三年間へと大幅に緩和されています。しかも、この三年間については婚姻の実態が伴っていれば外国での婚姻生活でもよく、その場合は一年間日本に在留していればいいことになっています。

このように、日本人と婚姻関係を持つということが、入管法上非常に高く評価されていることがわかります。一方で、留学生を経て日本企業に就職し、ある程度の年収を得て、税金・社会保険料を支払っている外国人についてですら、日本人との婚姻関係がなければ、やはり十年が必要です。

しかも日本人の配偶者の場合は、先ほどの「素行が善良であること」及び「独立の生計を営むに足りる資産又は技能を有すること」についても適用されませんので、在留期間も含めて、相当に優遇されているのは明らかです。

日本人の配偶者だから当然だといえばそれまでですが、「日本人の配偶者等」の在留資格もあることから、ほぼ婚姻関係のみに依拠して簡易に永住を認めることについて、検討の余地があるのではないでしょうか。

それこそ「公共の負担にならず」というものがありましたが、永住を認める以上、そうした日本人と外国人のカップルの就労・経済能力についても審査の対象とすべきかもしれません。

アメリカの移民政策の中には、「家族枠」（Family Based）というものがあり、アメリカ国民や永住権者が、その家族を呼び寄せることができます。すべての家族（国民の子供、配偶者、親や、永住者の配偶者や未婚の子供など）を移民（永住者）として呼び寄せる場合、そのスポンサー（呼び寄せる人）が「扶養宣誓供述書（affidavit of support）」を提出しなければなりません（アメリカ移民法第212条及び213A条）。

この「扶養宣誓供述書」が受理されるためには、スポンサーは「連邦貧困水準」の一二五％以上の収入がなければなりません。家族の人数によって異なりますが、二人家族なら約二万五七五米ドル（約二三五万円）以上の年収が求められます（二〇一八年の場合）。

このように、アメリカでは家族関係に基づく移民（永住）であっても、スポンサーに最低限の収入能力を求めています。日本においても参考にすべき制度だと思います。

五年の場合

在留資格が「定住者」の永住許可の申請では、在住期間の条件が、十年から五年間の在留に緩和されています。先ほど述べたように「定住者」は日系人など、身分的に日本とつながりのある外国人に与えられる在留資格ですので、そうした外国人を優遇する趣旨だと考えられます。

また難民認定を受けた者についても、その後の五年間の在留が条件となります。難民認定については第八章で詳しく説明しますが、難民条約に基づいて基本的に母国で迫害を受けるため帰国できない人を保護する制度です。

難民条約上、難民として認められた人に対して、締約国は社会保障などについて自国民と同一の待遇を与えることや、帰化や社会への適応を容易なものにしなければならない義務を負います（難民条約第24条、第34条）。これは認定された後の生活の確立のためです。

こうした趣旨を反映して、難民認定された者が、在留期限のない安定した在留資格である「永住者」を早く取得できるように、五年に緩和されていると考えられます。

貢献者は五年に優遇

ガイドライン上、「外交、社会、経済、文化等の分野において我が国への貢献があると認められる者」についても「一〇年」が「五年」に緩和されています。この「我が国への貢献」については別途ガイドラインが定められています。

ここでは、外交、経済・産業、文化・芸術、教育、研究、スポーツ、その他の分野での貢献について記載されています。

例示の一つとして「国際機関若しくは外国政府又はこれらに準ずる機関から、国際社会において権威あるものとして評価されている賞を受けた者」があり、その賞の例として「ノーベル賞、フィールズ賞、プリッカー賞、レジオンドヌール勲章」が挙げられています。

外交分野では「日本の加盟する国際機関の事務局長、事務局次長又はこれらと同等以上の役職として勤務した経歴を有する者」、経済・産業分野では「日本の上場企業又はこれと同程度の規模を有する日本国内の企業の経営におおむね三年以上従事している者」、教育分野では大学の教授、准教授、講師として「日本でおおむね三年以上教育活動に従事している者」、スポーツ分野では「オリンピック大会、世界選手権等の世界規模で行われる著名なスポーツ競技会その他の大会の上位入賞者」などとなっています。

もちろん、こうした外国人を優遇することは望ましいと思われます。ただ大学教授になっている外国人の場合、その多くは日本の大学・大学院で過ごしたことがあり、在留資格「留学」も含めると十年近い在留歴を持っていることも多く、この優遇措置がどの程度有効であるかはよくわかりません。

いずれにしても相当に顕著な貢献が求められていると思いますが、それでも「一〇年」が「五年」に緩和されるにすぎません。日本人の配偶者であれば、その事実だけで「三年」となりますから、配偶者の優遇ぶりは突出しているといえるでしょう。

日本語能力は不要?

興味深いことに「永住許可に関するガイドライン」では、日本語能力について一切言及されていません。それこそ日本で「死ぬまで」在留することを認める許可ですから、一定の日本語能力が求められていても不思議ではありません。

言うまでもなく、日本で日本語ができないということは、日常生活において相当の不利益となります。それだけではなく、日本語ができなければ雇用の選択肢も相当に限られます。工場でのラインの労働など、言葉を用いなくてもいい「単純労働」に限定されることは明らかです。このため経済的にも非常に不安定になる可能性が濃厚です。

なお、オーストラリアでは国勢調査の調査項目に英語能力（自己評価）に関する質問があります。このため英語能力と失業率や年収などとの相関関係が導き出されます。

まず失業率について、「英語圏の国（イギリスなど）からの移民」は三・五%、「他の国からの移民で英語ができる者」は四・九％ですが、「他の国からの移民で英語ができない者」は一一・六％にもなります。英語ができないことが失業に直結していることが明らかです。

また、「週八〇〇豪ドル以上」（年収約三三〇万円）の割合についても、「英語圏の国（イギリスなど）からの移民」は六三・五％、「他の国からの移民で英語ができる者」は五三・五％、「他の国からの移民で英語ができない者」はわずかに一三・四％となります（二〇一一年国勢調査データに基づいたオーストラリア移民省データ）。

興味深いことに、イギリスなどの英語圏からのネイティブの移民と、ネイティブではないにせよ英語ができる移民とでは、確かに差はありますがあまり大きくありません。ところが英語ができなくなると、失業率は跳ね上がり収入も格段に低くなっています。

日本の国勢調査では日本語能力に関する質問項目がないため、こうしたデータはありませんが、おそらくはオーストラリアと同じ傾向にあると推測されます。

入管法上の永住許可の要件の一つである「独立の生計を営むに足りる資産又は技能」に関して、日本語能力はその重要な技能の一つだといえます。また「ガイドライン」においても「公共の負担にならず」という解釈が示されていることとも関連して、日本語能力の欠如によって、収入の高い仕事ができず、景気が冷え込んだときには失業して社会保障上の負担となる可能性もあります。

こうしたことから筆者としては、最低でも日本語能力試験N２（日常的な場面で使われる日本語の理解に加え、より幅広い場面で使われる日本語をある程度理解することができる）を求めるべきだと考えています。

確かに、日本人の配偶者の外国人なら、その日本人配偶者が扶養しているからいいではないかという意見もあり得ます。しかしその人が「永住者」として永住を認められることは、その人が「日本人の配偶者」だからではなく、その人の日本への定着性が評価されることによって「永住に値する」と認められることを意味しています。このため、今後離婚をしようが、「永住者」として日本に永住することができますし、入管法的にも何ら問題はありません。

その場合でも「永住者」として、「永住者の配偶者等」の在留資格を使って新たな配偶者を呼び寄せることができるのは、第五章で述べたとおりです。

だからこそ、その人が永住申請時には日本人と結婚していたとしても、その後仮に離婚したときに独立した生計維持能力があるかどうかを、しっかりと見極めるべきだと考えています。

このように現在の入管政策上、永住許可においては日本人との婚姻関係・血縁関係のある者には非常にやさしく、それがない外国人には厳しいということができます。また大変重要なはずの日本語能力についてもあまり考慮されていないようです。

ただし、これが妥当かどうかについてはまさに政策判断になります。というのも、ここで指摘した「永住許可に関するガイドライン」は法律上のものではなく、あくまでも法務大臣の裁量判断における目安だからです。

このため、どういった外国人に対して積極的に永住を認めていくのかについては、入管法上の規定が非常に抽象的であることからも、その時の政府の政策判断に委ねられるところが大きいといえます。

逆にいえば、その時々の判断で柔軟に運用することが、法改正を経ずとも可能ということです。

約七六万人の「移民」

では、この永住許可を得た外国人はどれくらいいるでしょうか？

図5　永住者数の推移（1995年〜2018年）

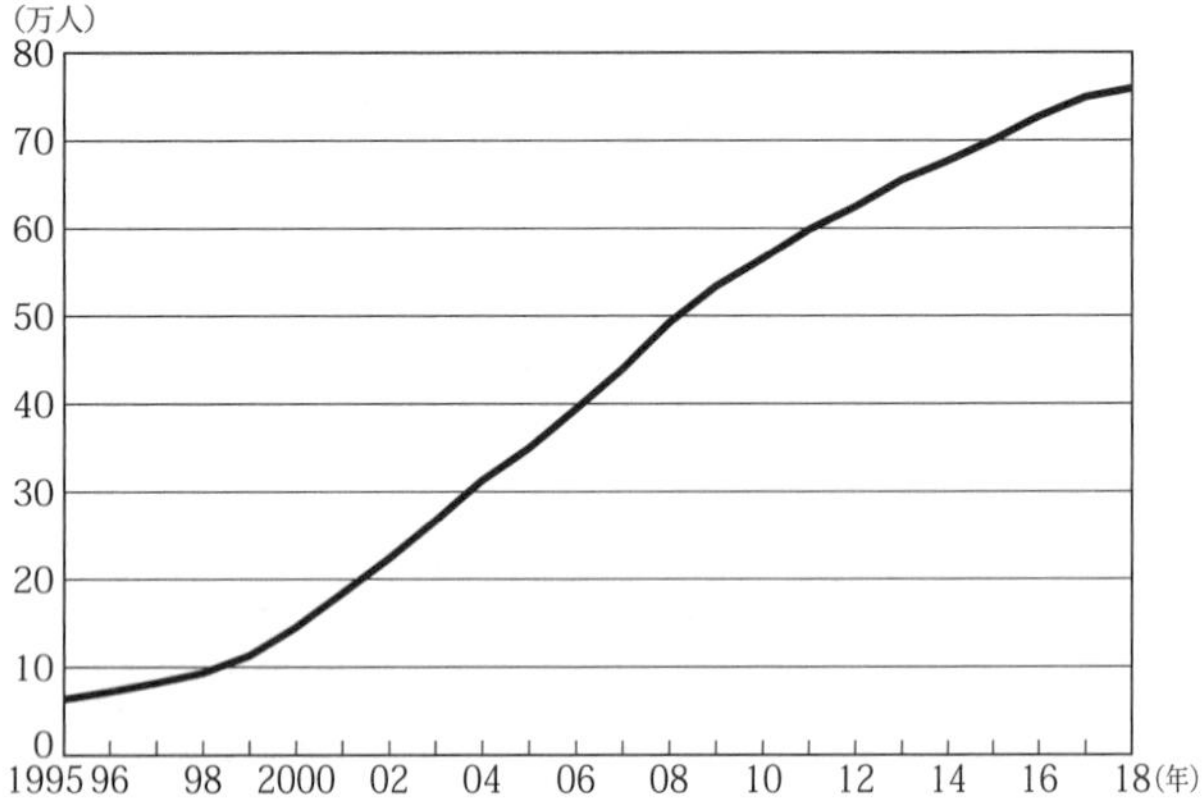

出典：法務省入国管理局「在留外国人統計」（各年版）（特別永住者は除く）

二〇一八年六月末では約七六万人となっています。しかも特別永住者以外の在留外国人総数の約三三％にもなっています。図5は一九九五年からの永住者数の推移を示したものですが、この二十数年間で約一〇倍にもなっています。

アメリカ移民法の「移民ビザ」とは永住を意味しており、通常「移民」といった場合、「永住許可を受けた者」ということになります。日本の入管法上の永住許可を受けた者を「移民」と考えた場合、すでに日本には七六万人の「移民」がいるということもできます（もっとも、日本の「移民」というのは別の定義かもしれませんが）。

このため、「移民を受け入れる・受け入れ

ない」という議論の前に、すでに、現行の入管法によって永住許可を受けた外国人が約七六万人いるという事実に基づいて議論をしていく必要があります。

この「七六万人」を多いと考えるのか少ないと考えるのかについては、いろいろな意見があると思います。

仮にこれが「多い」と考えるのであれば、先ほどの「永住許可に関するガイドライン」を改正して「一〇年」を「二〇年」にするなど厳格化し、なるべく「永住者」を増やさないという政策が考えられます。

一方で「少ない」と考えるのであれば、これもガイドラインを改正して、一律に「一〇年」を「五年」にするなど、永住許可の要件をどんどん緩和していくことが考えられます。

また居住年数だけではなく、生計能力についても年収基準の明示的な導入、日本語能力の基準の導入といったことも考えられます。

いずれにしても、外国人政策の中でこの「永住許可」は重要な位置を占めています。「移民を受け入れる・受け入れない」といった観念的な議論ではなく、入管法を理解したうえで、より具体的な永住許可の運用についての議論を深めていくことが必要だといえます。

第六章のポイント

①日本の入管法には外国人の永住を認める「永住許可」制度がある。
②永住許可の要件として「素行が善良」「独立の生計」「日本国の利益」が定められている。
③原則十年の在留が必要だが、日本人の配偶者は三年に大幅緩和。
④「我が国への貢献」が認められる外国人についても五年に緩和。
⑤日本語能力の明示的な要件はない。
⑥通常「移民」は「永住を認められた者」を意味する。よって、移民政策についての議論においては、永住許可の運用についての議論が不可欠。

第七章 強制送還

「強制送還」がないとどうなるか

「強制送還」とは、端的にいうと、ある国から外国人を強制的に本国に送り返すということです。

日本でも入管法に基づいてこれが行われています。少し怖いイメージがありますが、出入国管理政策上、さらにいえば日本が国家として成立するうえで、重要な機能を果たしています。

仮に「強制送還」がない状態を考えてみましょう。

これは、日本が、どのような外国人も追い出すことができないということです。そうなると、これまで本書で述べてきたような在留資格制度、ひいては出入国管理そのものの意味がなくなることになります。

第一章で、鎖国も完全開国も実施しないのであれば、出入国管理を行う必要があると述べました。出入国管理の本質は、「日本に在留してもらいたい外国人」を決めて、そういう外国人の入国と在留を認めたうえで、そうではない外国人の在留を認めないというものです。

日本では、このことを実施するために在留資格制度を作り、これに基づいて活動の制限や在留期間の制限を加えていると述べました。

たとえば、在留期間を超過して在留している外国人がいるとします。日本から追い出されないとなると、超過しても、いつまでも日本に在留できることになります。となると、在留期間を決めようが決めまいが、何の意味もなくなることになります。

また就労が認められない在留資格しか持っておらず、それに違反して就労活動をしたとしても日本から追い出されないのであれば、いくらでも就労することが可能になります。在留資格制度による「活動の制限」が、何の意味もなくなることになります。

つまり、日本が在留資格を持っていない外国人を追い出すことを放棄することは、どんな外国人でも、無期限に在留できることを意味します。実質的に「完全開国」を行うことになります。

「完全開国」を行わないための出入国管理であり、そのためのルールとして入管法があるのです。このため、強制送還を放棄することは、出入国管理や入管法の存在価値を自己否定することになります。

すなわち、在留資格制度によって外国人にさまざまな条件を課すことは、それに違反した外国人を追い出すことができることによって、初めて担保されているといえます。在留資格制度と強制送還は、まさに表裏一体の関係なのです。

強制送還される場合

では、入管法上の強制送還についてみていきます。

まず一般でいうところの強制送還は、入管法上は「退去強制」といわれています。日本国の側が、外国人の「退去」を「強制」するという意味あいです。

入管法第24条は、外国人が退去強制される場合について決められている、とても重要な条文です。

次の各号のいずれかに該当する外国人については、次章に規定する手続により、本邦からの退去を強制することができる。

となっており、「次の各号」として非常に多くの項目が挙げられていますが、大まかに要約すれば以下のようになります。

①不法入国をした者
②不法残留をした者

①と②は明確に不法に日本に滞在している外国人です。①の「不法入国」とは、密航で日本に入った場合です。また偽造パスポートで入国し、その後発覚しても「不法入国」扱いになります。入国の段階から不法だったということです。いずれも、不法に日本に入ってくる外国人について、退去強制をします。

②の「不法残留」とは、在留期間を超過して日本に在留している場合になります。最初の入国時には在留資格を与えられていても、決められた在留期間を超えると「不法残留」となります。そもそも在留期限が決められているので、これを超えた外国人は日本にいることはできません。「在留期間」が意味を持つためにも、期限を超えた外国人を退去強制の対象にしているのです。

「在留カード」を持っていないため、それを提示することができず不法滞在者であることが判明した場合などが当たります。

③資格外の就労活動を「もっぱら」行った者
④一年を超える懲役に処せられたなどの犯罪者

③は資格外活動、すなわち在留資格で認められている活動以外の収入を得る活動を「専ら行っていると明らかに認められる者」となっています。たとえば「短期滞在」の在留資格で、本来観光のために入国したものの、就労活動をして報酬を得ていた場合が該当します。具体的には、在留資格「留学」で資格外活動許可を受け、週二十八時間のアルバイトを行うことが認められていたとしても、授業にまったく出ずに一日十時間、週七日もアルバイトをしていた、などです。

そもそも在留資格によって、それぞれの外国人ができる活動を規定し、その範囲内で日本に在留できることを定めているのです。このため、そこからはみ出した活動をした人についても退去強制の対象としているわけです。

ただ、資格外活動が①や②と違うところは、その判定に解釈の余地があるということです。

不法入国や不法残留は、偽造パスポートであったとか、在留期間を超過して在留しているなど、誰の目から見ても白黒がはっきりしています。

しかし資格外活動については、あくまでも「もっぱら」となっていますので、しっかりと授業にも出席している留学生のアルバイトが週三十五時間になってしまった程度であれば、ただちに「もっぱら」とはいえないことになります。

またあるアメリカ人が「短期滞在」で日本で観光していたとします。ちょっとお金も尽きてきたので英会話学校で数日間バイトをして報酬をもらった、という場合も微妙です。実際に裁判においても判断が分かれており、明確な線引きはなく、あくまでもケースバイケースとなります。

いずれにしても、入管法上、明確に在留資格を持たない者、在留資格の活動制限に違反した者を退去強制の対象としています。これによってこそ在留資格制度が維持されているといえるでしょう。

犯罪者は永住者でも退去対象

しかし④の犯罪者（一年を超える懲役に処せられたなど）の場合は、性格が異なります。①から③は、在留資格制度の趣旨に違反した人が対象でした。④は、これに加えて、たとえ適法に在留資格を持って活動の範囲を守っている人であったとしても、一定の犯罪歴を持つ外国人はその事実によって退去強制の対象とする、ということです。これを「刑罰法令違反」と呼んでいます。

永住者であったとしても、この部分については適用されることになります。第六章でも説明しましたが、永住者は在留期限が無期限で活動の制限もありませんでした。このため②や③に該当することはあり得ません。

しかし、あくまでも「外国人」である以上は、ある一定の罪を犯したのであれば、日本から出て行ってもらう、ということです。ここに「外国人」と「国民」の決定的違いがあります。第一章で述べたように、「外国人」はあくまでも「日本政府の許可を得て日本で在留できる」立場であり、言い換えれば、何らかの理由で日本から退去強制される可能性がある立場ということです。

一方、「国民」は権利としてその国に住むことができるため、退去強制自体があり得ません。なお、第九章で説明するように、外国人も「帰化」によって、国民になることが可能です。

入管法上、特定の犯罪以外の場合は「無期又は一年を超える懲役若しくは禁錮に処せられた者」となっています。ただし「執行猶予の言渡しを受けた者を除く」となっています。また「麻薬及び向精神薬取締法」「大麻取締法」「覚せい剤取締法」などの薬物関係の法律に違反して「有罪の判決を受けた者」も退去強制の対象となっています。この場合、他の一般犯罪と違って「一年を超える」や「執行猶予を除く」という制限がありませんので、量刑にかかわらず、罰金刑であっても、とにかく有罪になれば日本から退去強制されることになります。

すなわち、麻薬などの違法所持や密売などを行う外国人に対しては、強い態度で臨んでいるわけです。また、こうした薬物関連の犯罪で退去強制されると、第三章で説明した「上陸拒否事由」との関連で、その事実によって、今後日本への再入国が禁止されることになります。これは「上陸拒否事由」の一つに「麻薬、大麻、あへん、覚醒剤又は向精神薬の取締りに関する日本国又は日本国以外の国の法令に違反して刑に処せられたことのある者」（第5条）とあるためです。ここからも日本政府が薬物関連の犯罪に対して厳正な態度で臨んでいることがわかります。

二〇一六年、これらの「退去強制事由」の対象となり、次に説明する退去強制のための手続きがとられたのは、一万三三六一人でした。このうち不法入国が五九九人、不法残留が一万一一九八人、資格外活動が五一一人、刑罰法令違反が四三二人でした。数の上では不法残留が最も多くなっています（法務省入国管理局「出入国管理統計」平成29年版）。

退去強制の手続き

このように不法入国者、不法残留者、資格外活動をした者、さらに刑罰法令違反者という、入管法やその他の法律を破った者を退去強制の対象としているわけですが、それが妥当とはいっても、やはり強制的に日本から追い出すことは、その人にとっては今後の人生にも非常に大きな影響があります。いくら外国人といっても、日本在留が長く生活基盤が日本に確立されている場合もあるでしょう。

このため、外国人にとって非常に重大な不利益処分である退去強制については、入管法上守らなければならない手続きが細かく規定されています。これは複数の担当官が手続きに関与することで、誤って強制送還されることを防ぐことを目的としています。

以下、外国人が強制送還される場合の手続きについて見ていきます。

まず「入国警備官」という入国管理局の職員が「違反調査」をします（第27条）。「入国警備官」とは、入国や在留の入管法違反に関して調査や摘発を行う、法務省入国管理局の職種の一つです。空港で入国審査を担当し、また国内で在留に関する審査を担当する「入国審査官」とは別の職種になっています。

この「違反調査」は、先ほど述べた第24条の退去強制事由に該当すると考えられる外国人に関する、本人に対する取り調べや特定の場所の捜索などとなっています。よくテレビで見る、「入管Gメン」と呼ばれる入管の職員が不法就労している外国人がいる企業などに乗り込んで、身柄を拘束するといったものも含まれます。

入国警備官は、そうした外国人に関して入管法に違反して在留していないかどうかの事実関係を取り調べ、それについての調書を作成します。

入国警備官の仕事はこれで終わりです。入国警備官はその外国人を入国審査官に引き渡します（第44条）。

退去強制令書の発付

次の段階が入国審査官による「違反審査」です（第45条）。

これは実際に摘発や取り調べを行った者（入国警備官）ではなく、それに関与していない別の職種である入国審査官が、入管法に違反しているか違反していないか、すなわち退

別記第六十三号様式（第四十五条関係）

番　　　号	
年　月　日	

日本国政府法務省

退　去　強　制　令　書

1　氏　　　　名　＿＿＿＿＿＿＿＿＿＿ 男 女

2　生年月日（年齢）　　年　　　月　　　日（　　　歳）

3　国　　　　籍　＿＿＿＿＿＿＿＿＿＿

4　居　　住　　地　＿＿＿＿＿＿＿＿＿＿

5　職　　　　業　＿＿＿＿＿＿＿＿＿＿

上記の者に対し，出入国管理及び難民認定法第24条の規定に基づき，下記により本邦外に退去を強制する。

(1)　退去強制の理由

(2)　執行方法

(3)　送 還 先

法務省　　　　　　　　入国管理局

主任審査官　　　　　　　　　　　　印

執　行　経　過	執　　行　　者	印

（注）用紙の大きさは，日本工業規格Ａ列４番とする

去強制の対象かどうかを客観的に判定するためのものです。「実際に摘発して身柄を拘束したけれど、やはり間違っていた」という場合に、もし実際に摘発した職員であれば、その事実を隠す可能性もあるからです。

このため、入国警備官は事実を事実として調査し、その事実に基づいて強制送還の対象とするかどうかの判断は、別の職種の者が改めてすることによって、独断を防止できるようになっています。

入国審査官が改めてその外国人から事情を聞き、やはり退去強制事由に該当すると判断し、さらに本人が納得した場合には、上級の入国審査官である「主任審査官」が「退去強制令書」を発付します（第47条）。これは、「もう日本から出て行きなさい」という日本政府からの命令書を意味します（前ページの実際の様式を参照）。

なお、もし退去強制事由に該当しないことになれば、放免（「釈放」に相当する入管法上の用語）になります。

三段階審査

しかし入国審査官の判断が間違っている可能性も排除できません。そこで、外国人本人が納得できない場合には、さらに上級の「特別審理官」に対して「もう一度考え直して」ということができます。ヒラ社員がだめだったら「課長を出せ」といったところでしょうか。これが口頭審理といわれるものです（第48条）。

特別審理官は、その外国人から聞き取りを実施します。その結果、その外国人が退去強制事由に該当しない場合には、放免しなければなりません。

しかし、やはり退去強制事由に該当するという判断がなされたとします。この段階でその外国人が「課長まで出てきたのなら仕方がない」と思って納得すれば、「退去強制令書」が発付されます。

ですが、それでもその外国人が納得できない場合には、さらにもう一度「考え直して」ということができます。これが法務大臣に対する異議申出です（第49条）。課長がだめなら「社長を出せ」といったところでしょうか。

ここで、異議申出に理由がある、すなわち「確かに退去強制事由に該当しない」となれば放免されます。一方「理由がない」となると、判断が確定し、「退去強制令書」が発付されます。

このように、当該外国人が納得しない場合は、入国審査官、特別審理官、法務大臣と三段階で退去強制されるべきかどうかが検討されることになっています。社員、課長、社長の三段階ともいえますし、また地方裁判所、高等裁判所、最高裁判所といった裁判所のようでもあります。これは「三審制」と呼ばれています。まさしくトリプルチェックです。「日本から追い出される」というのは、当の外国人からすれば非常に重大なことですので、慎重のうえにも慎重を期しているわけです。

表2　被送還者数と在留特別許可件数の推移

	被送還者数	在留特別許可件数
2007年	27,913	7,388
2008年	23,931	8,522
2009年	18,241	4,643
2010年	13,224	6,359
2011年	8,721	6,879
2012年	6,459	5,336
2013年	5,790	2,840
2014年	5,542	2,291
2015年	6,174	2,023
2016年	7,014	1,552

出典：法務省入国管理局「出入国管理統計」（各年版）

　こうした慎重な手続きを経て、実際に送還された外国人は二〇一六年で七〇一四人でした（表2参照）。近年は、不法滞在者数の減少を反映して減少傾向です。

退去強制をめぐる死亡事件

　なお、退去強制をめぐって、次のような事件がありました。

　二〇一〇年三月、退去強制されるガーナ人の四〇歳代の男性が、入管職員に付き添われ航空機に搭乗したところ、機内で大声を出したなどとして、職員に猿ぐつわをされ、両手足を縛られて座っていたところ動かなくなり、その後死亡したというものです。

これに対して遺族が損害賠償を求める訴訟を提起したところ、二〇一四年三月、東京地裁は「違法な身体拘束があった」として国に五〇〇〇万円の賠償を命じる判決を出しました。国側が控訴したところ、二〇一六年一月、東京高裁は「死因は腫瘍による不整脈であり、入管職員の制圧に違法はなかった」として遺族側の請求を棄却しました。

遺族側は最高裁に上告したものの、二〇一六年十一月、最高裁は遺族の上告を退けたため、遺族の敗訴、国の勝訴が確定しました(読売新聞夕刊、二〇一四年三月十九日、日本経済新聞、二〇一六年一月十九日、同夕刊、二〇一六年十一月十四日)。

結局国側の勝訴に終わったのですが、さすがにこの事件を受けて、入国管理局は力で制圧する形での退去強制は差し控えるようになりました。

救済措置としての「在留特別許可」

退去強制については、三審制による慎重な手続きだけではなく、退去強制事由に該当する案件でも、特別の事情により在留を認める制度があります。これが「在留特別許可」です。略して「在特《ざいとく》」とも呼ばれます。

入管法第50条では以下のようになっています。


法務大臣は、前条第三項の裁決に当たつて、異議の申出が理由がないと認める場合でも、当該容疑者が次の各号のいずれかに該当するときは、その者の在留を特別に許可することができる。


ここでの「前条第三項の裁決」とは法務大臣による異議申出に対する判断のことです。「理由がないと認める場合でも」となっていますので、異議申出を受けてもやはり入管法上、退去強制されるべき場合、という意味です。

すなわち法的に本来は退去強制の対象なのですが、「在留を特別に許可することができる」わけです。

これはいわゆる「恩赦」のようなものです。本来であれば無期懲役の判決を受ければ、ずっと刑務所に入っていなければならないわけですが、特別に許されて釈放される……そんなイメージです。

ここで「法律に基づく行政」という概念との関係が出てきます。行政機関は国会が決めた法律に従って、運営されなければならないという原則です。つまり行政機関が勝手に運営することを防ぎ、あくまでも国民の代表者で構成された国会の決めたルールに従わなければならない、という原則です。

入管法では退去強制事由を定めて、日本にとって在留すべきではない外国人を法律で規定しています。それにもかかわらず、本来は日本から出て行ってもらわなければならない外国人について、法務大臣が半ば法律を乗り越えて在留を認めることが可能になっています。このため非常に強い権限だといえます。厳密にいえば「法律に基づく行政」に反するかもしれません。

このことは退去強制の本質に関わっています。その外国人が長期間にわたって仕事をしていることにより日本に生活基盤があったり、また日本人の配偶者や子供がいたりするかもしれません。それらをすべて奪い去って「母国へ帰れ」ということが、あまりにも酷である場合もあります。

このように退去強制という行政処分が、当事者にとってあまりにも重大であることから、こうした救済措置が設けられているのです。

在留特別許可のガイドライン

ではどういった外国人であれば、在留が特別に許可されるのでしょうか？

先ほどの入管法第50条の「次の各号のいずれかに該当するとき」では、次のようになっています。

①永住許可を受けているとき。
②かつて日本国民として本邦に本籍を有したことがあるとき。
③人身取引等により他人の支配下に置かれて本邦に在留するものであるとき。
④その他法務大臣が特別に在留を許可すべき事情があると認めるとき。

①、②、③についてはわかりやすいと思います。①については第六章で見たように、入管法上「ずっと日本にいてもいい」という意味の永住許可まで受けることができたため、寛大に取り扱う趣旨です。③のように本人の責任で不法滞在になったのではない場合も多くあると思います。

④については抽象的でよくわかりません。

このため「永住許可に関するガイドライン」と同様に、入国管理局は「在留特別許可に係るガイドライン」を公表しています。

このガイドラインでは、「積極要素」と「消極要素」という概念が出てきます。すなわち「日本にいてもいいのではないか」というプラスになる理由と、「日本にいてもらっては困るのではないか」というマイナスになる理由の両方を考慮するということです。そしてそれらを天秤《てんびん》にかけ、プラスが大きければ在留を認めましょう、ということになります。

法律では割り切れない「身分的つながり」

「特に考慮する積極要素」は以下のようなものです。

①その外国人が日本人の子であること
②その外国人が日本人との実子を扶養しており、その実子が未成年・未婚であること
③その外国人が日本人との間で婚姻が法的に成立しており、同居などの実態がある場合（偽装婚は除く）

④その外国人が小学校・中学校に在学している実子と同居して扶養していること

このように日本人との婚姻・血縁関係は非常に重視されています。

①は、外国人の母が日本人の父と結婚して、血のつながりはないけれども、母の連れ子が日本人の子になった場合が考えられます。

②は、国際結婚をした夫婦が離婚し、その子供を外国人の親が養っている場合が考えられます。この場合、外国人の親がこれまで持っていた、「日本人の配偶者等」という在留資格の根拠が失われますが、日本人の小さい子供の面倒を見ているのであれば、親が帰国してしまったら、子供があまりにもかわいそうだ、という趣旨です。

③は日本人との婚姻ということでわかりやすいと思います。

④は親も子供も外国人であった場合、その外国人の子供が日本の小・中学校に在学して、日本語しかできずに、実質的に日本社会にとけこんでいたら、親が不法滞在であったとしても親を退去強制するのは子供にとってはあまりにも酷だ、という趣旨です。

このように、日本人や日本社会との身分的なつながりを重視するのは「永住許可に関するガイドライン」と同様の発想だといえるでしょう。

また、「その他の積極要素」は、主に以下のようになっています。

①みずから不法滞在であることを入国管理局に申告したもの
②「別表第二」の身分に基づく在留資格の外国人と婚姻している場合など
③日本での在留が長期間で日本に定着しているもの

①については自首を考えてみるとわかりやすいと思います。②については、日本人ほどではないにせよ、身分に基づく在留資格（たとえば「永住者」）と婚姻している外国人についても前向きに考慮するということです。③については長期間の在留という時間を考慮する趣旨だと考えられます。

これも「永住許可に関するガイドライン」と同様ですが、年収が多いとか、納税をしているとか、社会保険料を支払っているとか、日本語能力があるといった経済能力の面はあまり評価の対象とはされていないようです。

たとえ日本人と身分的なつながりがなくとも、日本語能力があり、また専門的な技術があり、かつ安定した収入があり、それが今後とも期待できる外国人であれば、前向きに考えてもいいのではないでしょうか。

確かに日本人との婚姻という点は重要ですが、夫婦ともに生活能力が低く、公共の負担になる可能性がある場合には、慎重に検討されるべきではないかと思われます。

犯罪歴は否定的に評価

「消極要素」をみてみます。「特に考慮する消極要素」としては、

①重大犯罪等により刑に処せられたことがあること
②出入国管理行政の根幹にかかわる違反又は反社会性の高い違反をしていること

となっています。
①は、薬物関連の犯罪も念頭に置かれていると解釈できます。②は不法就労の助長、不法滞在・偽装滞在（偽装婚による在留資格の取得など）の助長などが念頭に置かれているといえます。こうした外国人については「退去強制事由」（刑罰法令違反）にも該当しますし、またそもそも「上陸拒否事由」にも該当します。入管法の趣旨からも、強い意味での「望

ましくない外国人」といえます。

「その他の消極要素」としては①密航、偽造旅券で入国したこと、②過去に退去強制手続きを受けたこと、などとなっています。①では入国当初は適法で、後にオーバーステイとなった不法残留とは違い、入国当初から不法だった不法入国は、厳しく評価されています。②は、再犯については厳しく評価するという趣旨です。

こうした犯罪歴がある外国人について否定的に評価することは、妥当といえるでしょう。ただし、先ほど述べたこととも関連しますが、日本語能力の欠如など、生活・就労能力が疑わしい場合、在留を認めると社会保障などの負担になりかねない可能性があります。こうした点についても、否定的に評価すべきではないかと考えられます。

あくまでも裁量判断

二〇一六年の在留特別許可は総数一五五二件です。そのうち、不法残留が一一〇六件、不法入国・不法上陸が一三〇件、刑罰法令違反等が一一三件でした。二〇〇八年では総数八五二二件で、それから年々減少しています。これは不法残留者数が減少したことと関連していると考えられます（表2参照）。

先ほど引用した条文では「その者の在留を特別に許可することができる」と書かれていますので、法務大臣の側で在留を許可する義務はありません。やはり、そもそも退去強制されるべきところを、特別にお目こぼしするというものなので、法務大臣の裁量が非常に強くなるわけです。

この点では「永住許可」と同様です。「永住許可」も外国人にとって権利性の非常に強いものでした。このため入管法上の要件は抽象的で、法務大臣の裁量が大きいのです。これは、べつに外国人を永住させなくてもいいけれども、特別に認めても構わない、といった趣旨だからです。

この点では「在留特別許可」についても同様です。というのも、そもそも退去強制されるべき外国人について、本来であれば在留を認めなくてもいいが、特別に認めても構わない、という趣旨だからです。

ただし両者ともに、ある程度の目安を示すために「ガイドライン」が公表されています。ここに日本の外国人政策の考え方が色濃く表れているといえます。

第七章のポイント

①いわゆる強制送還は入管法上、退去強制といわれる。
②退去強制なくしては出入国管理・在留資格制度そのものが成立しない。
③外国人が退去強制される事由は決められている。それらは主に不法入国、不法残留、犯罪歴がある場合。
④退去強制は外国人にとって重大な結果をもたらすので、三審制による慎重な手続きが行われている。
⑤退去強制されるべきであったとしても、特別に在留が認められる「在留特別許可」が存在する。
⑥「在留特別許可」のガイドラインがあり「積極要素」と「消極要素」が考慮される。
⑦「積極要素」としては日本人との婚姻や身分関係を評価。「消極要素」としては犯罪歴を否定的に評価。

第八章　偽装難民・急増のカラクリ

辞書的な「難民」ではない

二〇一五年後半以降、シリア難民の欧州への大量流入が世界的に報道されました。また、北アフリカから船でイタリアに渡る難民についても報道されています。

同時に、日本において難民認定申請者が大幅に増加しているという報道に接した方も多いでしょう。申請者数に比べて難民として認定された人数が非常に少ないことから「日本は難民鎖国だ」といった主張をする人もいます。

では、日本において難民認定者が少ない理由は何なのでしょうか？　そこで本章では、なぜ「難民認定者が少ないのか」という疑問について考えてみます。

まず、ここで注意しなければならないのは「難民」という用語です。実のところ「シリア難民がドイツを目指す」という文脈での「難民」と、「日本の難民認定者は少なすぎる」という場合の「難民」とは大きく異なっているからです。

さて、一般にいう「難民」とはどういった意味でしょうか？　国語辞典では次のような語義があります。

「天災・戦禍などによって、やむをえず住んでいる地を離れた人々」（デジタル大辞泉）

皆さんが「難民」と聞いたとき、こうした辞書的な意味を連想されるかと思います。

しかし重要なことに「日本の難民認定申請者」という場合の「難民」は、こうした辞書的な意味ではないのです。このことを理解するためには入管法を見ていく必要があります。

難民条約上の難民とは

入管法上の「難民」は次のように定義されています（第2条）。

難民の地位に関する条約（以下「難民条約」という。）第一条の規定又は難民の地位に関する議定書第一条の規定により難民条約の適用を受ける難民をいう。

このように、どこにも「天災・戦禍などによって、やむをえず住んでいる地を離れた人々」とはなっていません。

さて、ここで「難民の地位に関する条約（難民条約）」と「難民の地位に関する議定書」

という言葉が出てきました。日本の入管法上の「難民」の定義は、こうした国際条約に依拠しています。

「難民条約」とは、一九五一年に創設された国際条約の一つです。

この条約では「難民」の定義が定められており、要約すると次のようになっています（難民条約第1条A（2））。

①人種、宗教、国籍もしくは特定の社会的集団の構成員であることまたは政治的意見を理由に、
②迫害を受けるおそれがあるという十分に理由のある恐怖を有するために、
③国籍国の外にいる者であって、
④その国籍国の保護を受けることができない者またはそのような恐怖を有するためにその国籍国の保護を受けることを望まない者

「五つの理由」

複雑ですので、順にみていきます。

まず①です。これは「難民条約上の五つの理由」といわれるもので、難民となる原因を五つ定めています。それらは「人種」「宗教」「国籍」「特定の社会的集団」「政治的意見」です。

「人種」「宗教」「国籍」については理解しやすいでしょう。「特定の社会的集団」とは、ある国の少数民族であったり性的少数者であったりという場合があり得ます。ナチスドイツ下で迫害された「ユダヤ人」も該当します。

「政治的意見」は、独裁国家における反体制活動家のようなイメージです。

重要なことに、難民条約上の「難民」として認められるためには、これらの五つのうちのいずれか（複数も可）が理由となっていなければなりません。これら五つ以外の理由の場合には難民条約上の「難民」にはなりません。

このことから次のことが導き出されます。たとえばシリア難民のような紛争から逃れた人々の場合には、難民条約上の「難民」に該当しないことになります。なぜかというと、これら五つの理由によって迫害されているわけではなく、たまたまそこに武力紛争が起こって、それから逃れた人々だからです（国連難民高等弁務官事務所「難民認定基準ハンドブック」１６４段落）。

一方で、ある国にA教徒という宗教的な少数派がいて政府がA教徒を迫害している場合は「宗教」が理由に、B族という民族的な少数派がいて政府がB族を迫害している場合には「特定の社会的集団」が理由になり得ます。

また、ある国が反体制活動家を厳しく弾圧している場合、そうした活動家については「政治的意見」が理由になり得ます。

このように、難民条約では、これら五つの理由に該当することが求められていますので、単に「紛争から逃れた」といった場合には、難民条約上の「難民」ではないのです。

まずここで一般的な意味の難民と、法的な意味での「難民」の意味が大きくずれることになります。

迫害の概念

次に②です。「迫害を受けるおそれがあるという十分に理由のある恐怖を有する」ことが求められています。ここで重要なのが「迫害」の概念です。

実は難民条約上、この「迫害」の詳細な定義はありません。このため各加盟国が、さまざまな事例に依拠して定義しようとしています。基本的には生命や身体への危害が含まれるもの、またはそれに類似するもののようです。

日本の入管法上においても詳細な定義はありませんが、多くの判例では次のような解釈がなされています。


通常人において受忍し得ない苦痛をもたらす攻撃ないし圧迫であって、生命又は身体の自由の侵害又は抑圧を意味するものと解するのが相当（東京地裁判決、平成二十七年七月十日など）

オーストラリアでは移民法上で定義されており、「生命や自由に対する脅威」「重大な身体的虐待」「生存能力の脅威となる重大な経済的困難」などとなっています（オーストラリア移民法第5J条）。

つまり、直接に生命の危険があったり、直接ではないにせよ生存が極めて困難になるものといった、非常に激しいものであるといえます。

このことから、単なる嫌がらせ程度のものは「迫害」には当たらないことになります。

また、いわゆる「差別」についても必ずしも「迫害」には該当しないことになります。

ある国の少数民族が就職差別を受けており、大学を卒業してもいい仕事に就けないといった状況があるとします。そうした状況自体は不幸なことですが、まったく生計の道が断たれ、どんな仕事にも就けないといった状況でない限り、単なる差別は「迫害」には該当しない可能性が高いと考えられます。

加えて「十分に理由のある恐怖」とあります。このため単にその人が「迫害されると思っている」だけでは不十分で、他の人が客観的に見て、そうした迫害の可能性が存在すると認められる必要があります。

残念ながら世界の中には、同性愛行為を処罰の対象としている国があり、中には死刑となっている国もあります。同性愛者であることは「特定の社会的集団」に該当しますし、また、「同性愛者は死刑」ということが、その国の法律で決まっていれば、客観的に見て、迫害を受けることがわかります。

このように、先ほどの五つの理由に加えて、相当強い程度の意味を持つ「迫害」を受けるという「十分に理由のある恐怖」を持っていなければ、難民条約上の「難民」とは認められないのです。そして、その「理由」と「迫害」の間の十分な関係性が求められます（これを「条約上の連関性」（Convention Nexus）ということもあります）。

国籍国の外にいる者

さらに、難民として認定されるためには、国籍国の外にいることが必要です（③）。その国を脱出することができた人でなければ、難民条約上の「難民」とはならないことを意味します。

このため「特定の社会的集団」に該当し、確かに「迫害」を受けていたとしても、その国から脱出して他の国に行かなければ「難民」とはなりません。

このことは、国家主権と密接な関係があると考えられます。ある国から迫害を受けて逃れてきた人を難民条約上の「難民」として自分の国で保護するのは認められるのですが、その国にいる段階で、「難民だ。保護する」といって他の国が乗り込むことは、その国の主権の侵害につながりかねません。そのことを理由とした不当な軍事介入の道を開いてしまう可能性もあります。このため、あくまでもその国の外にいる人に限定していると考えられるわけです。

保護を受けられない者

最後に④として、「国籍国の保護を受けることができない者」とあります。

難民条約は、ある国で迫害を受ける「難民」を他の国が保護するためのものです。基本的に、それぞれの国はその国の国民を保護する義務があり、ましてや迫害を加えてはならないのですが、残念ながら必ずしもそうとはいえない状況です。このため、自分の国から保護が得られない場合には「難民」として認めましょう、ということです。

このことからすると、その国が、ある特定の人々が迫害されることを、一生懸命取り締まっている（ある特定の人々を保護しようとしている）という状況であれば、難民条約上の「難民」には該当しないことになってきます。

このことは、特に国家以外からの迫害と密接に関連します。

ある国の少数民族が、その国の多数派から迫害を受けているとします。しかし、その国の政府は迫害・差別を法律で禁じ、迫害を加えた者を逮捕して刑罰に処すといった努力をしているとします。この場合「国籍国の保護を受けることができる」ということで、難民条約上の「難民」には該当しない可能性があります。

この点の解釈として、「無政府状態に陥っていない限り問題ない」「国が放置または助長していない限り問題ない」「適切な刑事法、警察力、司法制度が存在すれば問題ない」といったさまざまなものがあります。

このように、その国の政府が迫害から積極的に保護しようとしているかどうかも、難民条約上の「難民」であるかどうかを見極めるうえで重要なポイントとなります。

このことと関連して、ある特定の地域で迫害を受けていても国内の他の地域へ移転すれば迫害を受けない場合も対象外となります。あくまでも、その「国籍国で保護を受けることができない」ことが求められているのです。

個別に迫害の対象とされているか

さらに、難民条約上明示されているわけではないのですが、「難民」であるかどうかを見極める際のポイントとして、その人が「個別に迫害の対象とされているか」というものがあります。英語の表現では「シングル・アウト」ともいいます。

たとえば「反政府デモに参加したために『政治的意見』を理由に迫害されている」という主張があったとします。仮にこのデモが数万人規模のもので、この人が単なる一参加者であった場合、政府が数万人の参加者の中から、わざわざこの人に注目して「政府に盾つくケシカラン奴」として迫害の対象とするでしょうか？

この点は、その国の事情や政府の方針、その人の政治活動の実態などを考慮していく必要があります。

単にデモに興味本位で参加したのか、それともこのデモを主導するグループの一員であったのか、またその国の政府がどの程度取り締まり、迫害を加えるのかといった点を個別に検討することが重要です。

このことは、先ほどの国家以外による迫害についても当てはまります。ある国で多数派から迫害される少数民族があったとして、その少数民族が、単にその一員であるという理由だけで、ほぼ全員迫害されているのか、それとも一般の人は相手にせずその少数民族のリーダー格の人が個別に迫害されているのか、という点です。

これもその国においてその少数民族が置かれた状況によって大きく違ってきます。このため「ある国の○○族だから難民」とは必ずしもならず、あくまでも出身国の状況を念頭に置いたうえで、個別に検討する必要があります。

第二次世界大戦の反省

このように難民条約上の「難民」に該当するには、「五つの理由のいずれか（または複数）に当てはまる」「強い程度の迫害がある」「国籍国の外に脱出済み」「国籍国が保護しない」、さらに「個別に迫害の対象とされている」といったさまざまな条件をクリアーしなければなりません。相当に限定された定義であることが理解できたと思います。

これは、あくまでもその国の国民はその国が保護するという大前提のもと、どうしてもその国が保護しない・できない人、すなわち「事実上の無国籍者」を「難民」として他の国が保護しようという趣旨だからです。

そしてこの「難民」の定義は、第二次世界大戦の悲惨な経験と密接な関係があります。難民条約が制定されたのが戦後間もない一九五一年です。条約の制定者にとって、第二次大戦時のナチスドイツによるユダヤ人の迫害が念頭にあったことは明らかでしょう。これはまさに「人種」「宗教」「特定の社会的集団」といった理由による迫害で、強制収容所に送られ、数多くの人が命を失いました。

また戦後、東欧に共産主義国家が成立し、政府が反体制活動家を弾圧し、そういう活動家が西欧諸国に脱出していた状況も関係していました。まさに「政治的意見」による迫害です。

こうした第二次大戦の反省や戦後間もない政治状況が、難民条約上の「難民」の定義に色濃く反映されているといえます。

難民認定された場合の待遇

ではこのような厳しい条件をクリアーして、難民条約上の難民として認められると、どうなるのでしょうか。難民条約では難民に該当する人々の取り扱いについて、加盟国にいくつかの義務を課しています。条約上、認定された難民に対して主に次のような待遇を与えることが求められています。

①自国民と同一の初等教育、公的扶助、労働法制・社会保障（第22条、第23条、第24条）
②「難民旅行証明書」の発給（第28条）
③追放及び送還の禁止（第33条）
④帰化手続の容易・迅速化（第34条）

このように、もう母国に帰れない難民がその国で新たに生活基盤を確立できるように、社会保障などで自国民と「同一待遇」をすることが求められています。

なお、②の「難民旅行証明書」とは、パスポートに代わるものです。迫害を加えている母国が、迫害対象の国民に対してパスポートを発給しないことは多くあります。これは他国への脱出を阻止するのが目的です。このため、偽造パスポートなどで脱出し、難民として認められた人は、正規のパスポートを持っていない場合があります。

ところが、難民として認められた国から第三国に行こうと思っても、パスポートがないとどうしようもありません。また難民として認められた国でも、帰化をして国籍を取得したわけではないので、その国のパスポートも取得できません。

そこで、難民を受け入れた国ではパスポート代わりとなる難民旅行証明書を発行し、第三国への渡航を可能にする措置《そち》がとられています。

日本の入管法でも、難民として認定された人は、難民旅行証明書が入手できます（第61条の2の12）。

送還禁止義務の持つ意味

また、③「追放及び送還の禁止」も重要なものです。「ノン・ルフルマンの原則」ともいわれます。

これは、その国の政府が「難民として認めた者を迫害の受けるところに送還してはならない」というものです。そもそも迫害を受けるおそれがあるために条約上の難民として認定しておきながら、迫害を受けるところに送還するというのは、論理矛盾といえます。

ただこの義務のために、「難民認定申請をすれば、結果が出るまで送還できない」という状況が発生します。

難民認定を申請するというのは「母国では迫害を受けるおそれがあるから保護してください」というものでした。このため、申請を審査して本当に迫害を受けるかどうかについて、白黒はっきりさせる必要があります。

結論が出るまでは、帰国しても迫害を受ける可能性があるわけです。もし送還されて迫害を受け、命を落とすようなことがあれば大変です。

このため、この送還禁止義務の存在により、難民認定申請をした人については、その人が不法滞在者であったり、さらに重大な犯罪歴があり、本来であれば強制送還の対象であったとしても、少なくとも審査の結果が確定するまでは、送還できないことになります。事実、このことは入管法の中でも条文化されています（第61条の2の6）。

逆に申請者の側からみると、難民認定申請さえすれば、結果が出るまでは日本に在留できることを意味します。

さらに踏み込みますと、難民条約が加盟国に課しているのは「難民を在留させる義務」ではなく、この「難民の迫害を受ける地域への送還の禁止」です。このことから、迫害を受けない第三国には送還できるのではないか、という解釈もあり得ます。

事実オーストラリアでは、難民申請者が安全に在留できる第三国がある場合には、オーストラリアは保護する義務を負わないとする条文まであります（オーストラリア移民法第36条）。

難民認定制度の発足

さて、一九五一年の難民条約では、これまで述べてきた難民の定義に加えてさらに「一九五一年一月一日前に生じた事件の結果として」という限定がなされていました。まさに第二次大戦における「難民」を保護しようとする趣旨でした。

しかしその後、一九六七年に「難民の地位に関する議定書」が締結され、時間的な制限や地理的な制限なく、難民条約が適用されることになりました。

日本は一九八一年に「難民条約」、一九八二年に「難民の地位に関する議定書」に加入しています。

何らかの国際条約に加入するとその義務を履行するため、関連する国内法が改正されることがあります。日本が「難民条約」及び「議定書」に加入したところ、その国内法化として、一九八二年に入管法を改正し「難民認定制度」が設けられるようになりました。

こうしたことから、この章の冒頭で述べたように、入管法上で「難民」を定義しており、その定義はまさに難民条約上の「難民」の定義となっているわけです。

ちなみに、一九八二年の難民認定制度が発足した法改正によって、入管法の正式名称が「出入国管理令」から、現在の入管法の正式名称である「出入国管理及び難民認定法」となりました。

入管法上の難民認定制度は、次のようになっています（第61条の2）。

法務大臣は、本邦にある外国人から……申請があったときは、その提出した資料に基づき、その者が難民である旨の認定（以下「難民の認定」という。）を行うことができる。

ここでの「難民」はこの章の冒頭に指摘した第2条の「難民」のことです。入管法上の難民とは、これまで説明したとおり、難民条約上の難民でした。このため難民認定制度とは、法務大臣が外国人の申請に基づき、難民条約上の難民かどうかを見極める制度、ということです。

もっとも、すべての案件を法務大臣一人が審査するのではなく、実質上は法務省入国管理局が難民認定業務を行っています。

入管法上難民として認められるかどうかは、あくまでも「難民条約上の難民」であるかどうかということを意味します。この章の冒頭で指摘した辞書的な意味での「難民」かどうかは関係ありません。

なぜ難民認定者数は少ないのか

以上のことを踏まえて、「なぜ日本の難民認定者数は少ないのか」という疑問に答えていきたいと思います。

二〇一七年に難民認定申請した外国人は一万九六二九人で、同年の認定者数は二〇人でした（なお、最終的な結果が出るまでには時間がかかるため、一万九六二九人を審査した結果が二〇人というわけではありません）。

このため「難民認定申請者数に比べて、認定者数がとても少ないではないか」といわれます。しかし、これは入管法の構造上「難民条約上の難民」を認定しているわけですので、これまで述べたように「難民条約上の難民」の定義が、いわゆる辞書的な意味の難民の定義よりも狭いことが原因なのです。

「それにしても少なすぎる」という意見もあるかと思います。

実際に少なすぎるとしたら、理論的には、本当は条約上の難民に該当するのに、認定の判断が誤っている事例が多いのか、または条約上の難民に該当しない申請者がほとんどであるのかのいずれかが原因、ということになります。

このことを検証するには、個々の申請者が本当に「難民条約上の難民」に合致しているのか、入国管理局の下した判定の正否を第三者が検討する過程が必要になるでしょう。

当然ながら個人情報保護のため、各申請者の詳細な情報は公開されていません。検証することは困難です。ただし次に述べる審査請求制度との関係で、おおむね妥当な判断がなされているのではないかと推測されます。

不認定に対する不服申立

難民認定申請については「審査請求」が認められています。これは難民認定申請をした結果、「不認定」であった場合、「それはおかしい。もう一度審査してください」と申し立てることができるものです（なお二〇一六年三月までは「異議申立」となっていました。本書ではそれ以前も含めて「審査請求」で統一します）。

この「審査請求」は、「行政不服審査法」という法律が大元にあります。この法律は行政上のさまざまな望ましくない決定について、申請者に「もう一度考え直して」と再審査を請求することを認めているものです。

たとえば、飲食店の営業許可に対する不許可処分といったものが挙げられます。せっかく店主が開業に向けて、融資も受け、店を借り、厨房機器を買って準備していたとしても、最後の最後で行政の許可が得られないことになり、店が開けず、店主にとっては大変なダメージです。

本来なら、そうした不許可処分の取り消しを求めて裁判所に訴えるところですが、弁護士費用の面でも大変ですし、また裁判は長期間に及びます。

このため「簡易・迅速」に、こうした不許可処分を覆すことを可能とするよう、行政側にもう一度考え直すことを訴える「行政不服申立制度」が存在しています。

ただこの不服申立制度は、いくつかの行政分野で適用が除外されています。国税関係、学校関係などがそうですが、実は「外国人の出入国又は帰化に関する処分」も対象外です(行政不服審査法第7条)。

このことから、第二章で述べた、在留資格変更や在留期間更新の不許可処分に対しては、「審査請求」は認められていません。それを取り消すためには裁判に訴えるしかないのです。第一章でも述べたように、出入国管理が強い国家主権に基づくものであることの反映だと考えられます。

しかしながら入管法の中では唯一、難民の不認定について審査のやり直しを求める「審査請求」が認められています。このことは先ほど述べた「難民条約上の難民」の定義とも密接に関係します。「難民」とは、身体・生命への直接の危害といった「迫害」を受けるものでした。もし判断が間違っていて母国に帰国したとなると、命に危険が及ぶ可能性もあります。このため「審査請求」を認めて、再度難民であるかどうかを検討するという慎重な取り扱いがなされています。

透明性の確保

「審査請求」制度は、原則として上級の行政機関に審査のやり直しを求めるものです。たとえば、県知事が不許可処分とした場合には、その上の大臣にやり直しを求めます。ただ、入管法では難民の認定は法務大臣（入国管理局）が行うので、「上級」がありません。

このため、不服申立自体は難民認定制度の発足時から認められていたのですが、「同じ法務大臣（入国管理局）が再審査するのか」といった批判もなされていました。このことから、二〇〇五年に「難民審査参与員制度」が導入されています。

入管法上「難民審査参与員」（以下「参与員」）は以下のようになっています（第61条の2の10）。

難民審査参与員は、人格が高潔であって、前条第一項の審査請求に関し公正な判断をすることができ、かつ、法律又は国際情勢に関する学識経験を有する者のうちから、法務大臣が任命する。

また参与員は非常勤の国家公務員となっており、行政から独立した外部の学識経験者などからとなっています。

法務大臣は、「審査請求」の判断をする場合には、「難民審査参与員の意見を聴かなければならない」（第61条の2の9）とされています。すなわち「難民の認定について再度審査してください」という申請については、すべて外部の参与員が案件を検討し、そのうえで難民に該当するかどうかという意見を出します。法務大臣は必ずその意見を考慮しなければならないということです。意見に法的拘束力はありませんが、重く受け止める必要はあります。

このように、参与員制度の導入によって、外部の専門家が案件を検討することで行政側の独断を防止し、公平性・透明性を確保することが行われています。

どういった人が参与員をしているのかは、法務省のウェブサイトで公表されていますので、確認してみてください（難民審査参与員一覧）。国際的な知識がある研究者、法律の実務家（弁護士、元裁判官など）が多くいます。なお、筆者も二〇一三年三月から、参与員の一員を務めています。

ほぼ覆らない判断

さて、この参与員制度の存在から、日本における難民認定数が妥当かどうかについて考えることができます。難民認定申請については非常に多数が「審査請求」を行っています。つまり、不認定となった人々の大半が「審査をやり直して」と申請しているのです。二〇一七年では、九七三六人の不認定結果に対して、八五三〇人が審査請求を申請しています。

先ほども述べたように、審査請求があった案件は、すべて参与員が検討します。しかし、参与員が審査請求段階で入国管理局の判断をひっくり返し、最終的に難民として認定されたのは、二〇一七年では取り下げ者を除く人三〇八五人中、一人にすぎません。逆にいうと、約九九・九%の案件について、参与員は、入国管理局の判断は「正しい」としているわけです（法務省ウェブサイト「平成29年における難民認定者数等について」）。

私の経験を交えていうと、参与員は一人で判断するのではなく、三人で一班を組み、案件を検討します。班の構成も、なるべく違ったバックグラウンドの参与員で構成されるようになっています。そのうえで当初の入国管理局の審査の際にとられた調書などの関係資料を読み、実際に申請者に直接、通訳を通じてインタビューを行います（案件によっては書面のみで行う場合もあります）。そのうえで、総合的に難民として該当するかどうかを、三人で協議して検討します。

三名とも意見が合えば、「難民該当性がある」もしくは「ない」という結論と、その理由を記した意見書を法務大臣宛に提出します。

守秘義務もあるので詳細は明かせませんが、筆者はこれまで約二〇〇〇件の案件を検討しました（うち約二七〇名にインタビュー）。このうち当初の判断をひっくり返して「難民該当性がある」という意見を出したものは、後述する、わずかに一件だけでした。

筆者が参与員をしているから、というわけではないのですが、これだけ多彩な外部の参与員が関与しても、九九・九％について当初の入国管理局の判断は間違いない、という意見が出されているわけです。こうしたことから、入国管理局の当初の判断が大幅に間違っていると考えるのは難しいといえます。

日本における難民認定申請者のそのほとんどが、難民条約上の難民に該当せず、このため認定者数が少ないと考えることが、筆者の経験上からも妥当だといえます。

難民該当性を認めた事例

さて、ここで筆者がこれまでに唯一、難民該当性を認めた事例について簡単に述べたいと思います。

申請者はある中東出身の男性で、他人名義旅券を用いて日本に不法入国しました。申し立ての内容は「男性間との同性愛行為をしたため、本国政府から迫害される」というものでした。入国時から申し立て内容も首尾一貫しており、不合理な変遷はみられませんでしたが、入国管理局の原審では不認定となっていました。筆者が関与した異議申立（当時）段階において、本国政府から発行された男性に対する「死刑判決書」が提出されました。

まず仮に、これが事実であれば死刑という「命が奪われる」ことから、間違いなく迫害に該当します。死刑判決書を翻訳してみましたが、特に不合理な点はなく、信憑性を否定することはできませんでした。さらにアメリカ国務省の国別人権報告書などからも、本国政府が略式裁判で死刑判決を出しており、それに基づいて実際に死刑が執行されることが確認できました。

ただ申請者は「本当の同性愛者ではないが、興味本位で男性間との性行為をした」と述べていました。そこで、この申請者が「特定の社会的集団の構成員」に該当するかどうかが重要な論点になりました。「特定の社会的集団」の解釈にもよりますが、本当の同性愛者ではなくとも、迫害主体（本国政府）から見て迫害の対象とされている集団であれば、「特定の社会的集団」に該当するという考え方があります。筆者はこの考え方を採用し、申請者を「特定の社会的集団の構成員」と判断しました。

よって、難民条約上の迫害とその理由が結びついた結果、この申請者が難民条約上の難民であるという意見を提出しました。この申請者は、わざわざ中東から日本に来たのですが、かつて日本に滞在していて退去強制されたことがあり、外国の中でも馴染みのある日本で保護を求めるのは不思議ではありません。

近年、ＬＧＢＴと呼ばれる性的少数者に対する意識が高まっています。諸外国の中には同性同士の法律的な婚姻を認めた国もあります。こうした中、単に男性同士の性行為をしただけで死刑となるのは、あまりにも酷であり、このような人々を保護するために、難民条約が現在でも存在し続けているといえます。

そして日本では、難民条約上の難民に該当する申請者には、保護を与えているという事例が、少数ながらも存在しているのです。

出稼ぎ目的の難民申請

では、なぜ難民認定申請者数が多いのでしょうか。

二〇一〇年には一二〇二人でしたが、二〇一三年には三二六〇人、二〇一四年には五〇〇〇人、二〇一五年には七五八六人、二〇一六年には一万九〇一人、二〇一七年には一万九六二九人と、ものすごい勢いで増加しています。

ここで、先ほど述べた送還禁止義務（ノン・ルフルマンの原則）を思い出してください。これは「難民認定申請の結果が出るまでは在留できる」というものでした。

このため、仮に、自分自身が条約上の難民に該当しないことはわかっていても、とにかく日本にいたいと思う外国人が、とりあえず申請すれば最終的な結果が出るまでは日本に在留し、社会生活を送れることになります。当初から日本での在留を狙って、外国人が申請していることもあり得ます。先ほど述べた審査請求制度があり、そしてその場合には参与員が関与する必要があることから、不服申立をすれば、最終的な審査結果が確定するまで数年間といった長期に及ぶこともあります。

こうした状況を利用して「在留のために難民認定申請をしておこう」ということが起こ

図6　難民認定申請時の在留状況（1999年〜2017年）

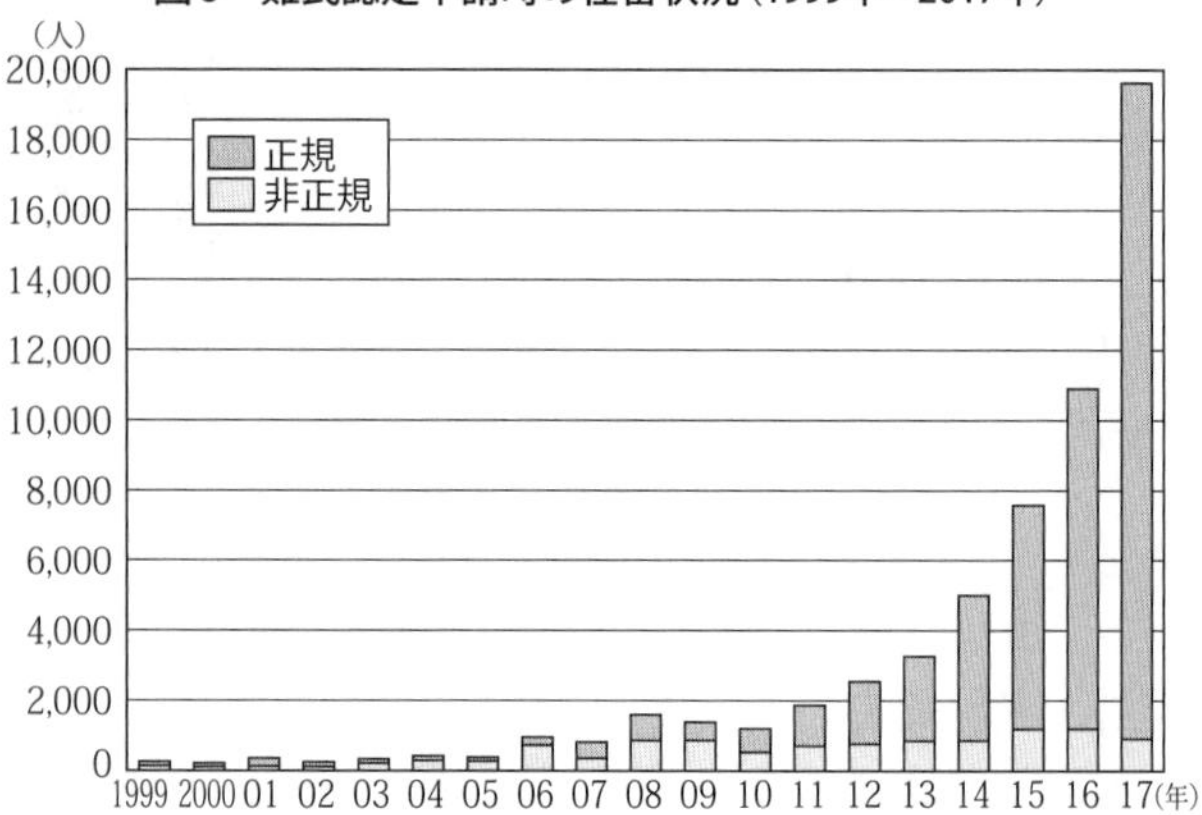

出典：法務省入国管理局「難民認定者数等について」（各年版）

っているのではないかと考えられるわけです。

かといって、本当に迫害を受ける可能性がある人もいるかもしれませんので、いい加減に処理することもできません。

さらに二〇一〇年三月から、正規在留中に申請すれば六か月後には就労が可能となる措置が導入されていました。このため、申請すれば、実質数年間は働けるようになるので、それを目的としている外国人が申請しているのではないかとも考えられます。

図6は、難民認定申請者数を正規滞在者と非正規滞在者に分けて示したものです。これによると、就労可能措置が導入された二〇一〇年以降、正規滞在者による申請が激増していることが把握できます。

就労目的の申請の事例として、来日したネパール人に難民認定申請を偽装させ、就労させていたブローカーが逮捕される事件がありました（読売新聞二〇一五年二月四日）。また、技能実習先を逃亡したミャンマー人三三人が、就労目的のため難民認定申請をした事件（読売新聞二〇一五年二月七日）、就労目的で難民認定申請をするため、入国の際に僧侶を偽装した事件についても報道されました（読売新聞二〇一六年二月一日）。

こうした中、数は少ないながらも難民として認定されている人もいることから本当に保護に値する人が埋没してしまわないためにも、こうした状況は早急に改善されるべきでしょう。

入国管理局もさすがにこの運用を見直し、二〇一八年一月からは難民条約上の迫害事由に明らかに該当しない事情を申し立てる申請者には、在留を許可しないこととしました。

難民受け入れを拡大するためには

「日本はもっと難民を受け入れるべきだ」という意見をお持ちの方もいらっしゃると思いますが、「日本の難民認定数は少なすぎるから、もっと増やすべきだ」という主張は、的外れといわざるを得ません。

仮に「難民」の定義を広げようというのであれば、入管法を改正して、現在「難民条約上の難民」に限定されているものを、拡大することが必要です。実際にそうしている国もあります（オーストラリアなど）。

難民条約の他にも、送還されれば危害を受ける場合には送還を禁止するという国際条約があります。たとえば「拷問等禁止条約」などです。そうした国際条約の義務を履行することは「補完的保護」といわれています。この「補完的保護」を盛り込み、難民条約以外の国際条約上の送還禁止規定が適用される人についても、入管法上で「難民」とすることも、法改正をすれば可能です。

この章で述べたように、難民条約上の難民の定義は狭いものです。このため、再び加盟国間で、新たな、より広範な定義を盛り込むための条約の改正もあり得るかもしれません。

なお、かつて日本は「インドシナ難民」といわれる人々を約一万二〇〇〇人受け入れました。一九七五年にベトナム戦争が終結し共産主義国家が成立しました。この共産主義国家に迫害された人々（主に華僑系の自営業者など）が周辺国に脱出したのです。また、カンボジアで成立したポルポト政権によって、多くの人々が迫害されました。

背景として、当初アメリカやオーストラリアなどが多数受け入れていたところ、日本にも「受け入れるべき」という国際的な圧力がありました。

日本はこのインドシナ難民を、「入管法上の難民」すなわち「難民条約上の難民」として個別に認定するのではなく、「それに準ずるもの」として、入管法上「定住者」という在留資格を与えて受け入れました。

インドシナ難民の定住支援のために、国内二か所（神奈川県と兵庫県）に定住促進センターが開設され、日本語教育などの支援をしました（現在は閉鎖）。しかし入所期間が半年だったため、十分に日本語が習得できず、困難に直面した難民も多かったようです。こうした状況でも、医学部を卒業して医師となり、帰化をして日本国籍を取得した武永賢さんのように、日本社会で活躍されている方もいます（武永賢『それでも日本人になった理由』ポプラ社、二〇〇一年）。

このように、難民認定制度上で「難民条約上の難民」として受け入れるという方式でなくとも、そのときの政策判断として、われわれが考える一般的な意味での「難民」を受け入れることも、入管法上十分に可能なのです。

たとえばオーストラリアは、難民条約上の難民として認定する制度とは別に、海外の難民キャンプなどにいる、幅広い意味での難民を選別したうえで受け入れる「第三国定住」

をかねてから行っています。オーストラリアはインドシナ難民についても、この形で受け入れました。

難民条約上の難民の定義、それを理解したうえで現在の入管法上の難民認定制度の本質をみていくことが重要です。さらに、その制度が在留や就労を目的とする外国人に「活用」されている実態を踏まえたうえで、今後日本として何ができるのかを真剣に考えていく必要があるといえます。

第八章のポイント

①入管法の難民認定制度は「難民条約上の難民」を認定するもの。

②「難民条約上の難民」として認められるためには、「人種」「宗教」「国籍」「特定の社会的集団」「政治的意見」を理由に迫害を受けるおそれがあることが必要。

③送還禁止義務との関係から、難民認定申請の審査中は送還できない。

④難民の不認定については「審査請求」を認め、審査のやり直しができる。

⑤「審査請求」については、すべての案件を外部の専門家である「難民審査参与員」が検討する。

⑥多くの申請者が「審査請求」を申請しているが、ほとんどの案件について入国管理局の判断が追認される結果となっている。

⑦現行の入管法でも、幅広い意味での難民を受け入れることは、政策判断として可能。

第九章

日本人になる外国人

国籍を持つとできること

本書では外国人にまつわるさまざまな疑問について、主に入管法との関係で説明してきました。外国人には日本国内での「活動」と「期間」に制限があり、違反すれば強制送還の対象となります。また「永住者」になったとしても、重大な罪を犯せば強制送還される可能性があります。

帰化制度について説明していく前に、まず「国籍」というものについて大まかに説明します。このような外国人としてのさまざまな制限に驚かれた方もいると思います。

では、外国人は永遠に外国人のままで、日本人になることはできないのでしょうか？

実は「帰化」という手続きを経て、外国人はまさに「日本人になれる」のです。

最終章では、帰化制度について説明します。

なお、帰化制度は入管法上のものではなく、別の「国籍法」に基づくものです。入管法とは直接の関係はありませんが、外国人政策のうえでも非常に重要なものです。

「国籍」とはその国のメンバーシップ、会員証のようなものです。第一章で説明したとおり、その国の国籍を持つ人が「国民」であり、そうでない人は「外国人」となります。国民は、その国のメンバーとして、国会議員選挙に投票する権利、または立候補する権利、国家公務員になる権利、といった国民固有の権利を手に入れることができます。

国会議員として法律を作ることができる人が、外国人であることは不自然です。もしかすると、日本の不利益になるような形で法律が作られるかもしれません。国家公務員についても、日本国民のために働く人々です。もしも国家公務員が外国人である場合、仕事のうえで外国政府に影響されるかもしれません。このため、国会議員や国家公務員については「日本国民に限る」とされているのです。

なお、出生によって日本国籍を取得した者と、帰化によって日本国籍を取得した者に法律上の権利の差はありません。実際に帰化をして国会議員になった人もいます。

また、日本国民としての証しでもある、日本のパスポートを持つことができます。また海外にいるとき、混乱が起こった際に日本大使館に国民として保護を求めることもできます。

さらに、おさらいになりますが、入管法上の外国人とは「日本の国籍を有しない者」でした（第2条）。このため、日本国籍を持つ日本人は本書で述べてきたような入管法に基づく在留に関する制限が一切ないわけです。これも国民の固有の権利の一つといえます。第六章で説明した「永住者」は、あくまでも外国人として「無期限」に在留できるというものでした。しかし強制送還の可能性がありました。その可能性が一切なく、国民として当然に日本に居住できるということは、本質的には違っているわけです。

ただし、どこまでを「国民固有の権利」とするかは、その国々の考え方によってまちまちですが、おおむねこれらの権利が「国民固有」とされています。

「生地主義」と「血統主義」

そして「国籍」そのものについては、次のように分類できます。

まず「出生によって得られる国籍」です。文字どおり生まれた瞬間に得ることができる国籍です。これについては、生まれてきた赤ん坊にいちいち意思を確かめることはできないので、当然自動的なものになります。

今の日本の国籍法では、日本人（日本国籍を持つ人）の父または母から生まれた人が日本人（日本国籍）となります（国籍法第2条）。

このように親の国籍によって子供の国籍が決められることを「血統主義」と呼んでいま

す。

その一方で、親の国籍が何であろうと、とにかく生まれた場所がその国であれば、その国の国籍が得られる場合があります。これは「生地主義」と呼ばれます。まさに移民の国、アメリカがその代表格です（アメリカ移民法第３０１条）。

親の出身がどこであろうと、アメリカで生まれれば、過去に関係なくアメリカ人である、という移民国家らしい発想だといえます。

移民国家の一つであるオーストラリアも原則としては「生地主義」ですが、「父または母のいずれかが、国民または永住者である場合」という限定がつけられています（オーストラリア国籍法第12条）。

このため、短期滞在者や不法滞在者の親から、オーストラリアで子供が生まれても、オーストラリア国民にはなりません。この意味では「生地主義」に「血統主義」的要素が加わったものだといえます。

ある国が「血統主義」と「生地主義」のどちらを採用するかは（そのミックスも含めて）、その国の政策的判断です。

次が「志望により得られる国籍」です。

日本にいる外国人が自分の意思で「日本国籍をください」と申請をして、日本政府が「認めます」というものです。この自分の強い意思に基づいて外国の国籍を取得する手続きが、「帰化」というわけです。もちろん他の国にも帰化制度は存在しています。

それぞれの国が、どのような条件で外国人の帰化を認めるのかについても、それぞれの国の政策的判断によります。

日本の帰化でもそうですが、通常は「何年以上住まなければならない」ということが求められます。この期間を長くするのか短くするのかは、その国の判断に委ねられるわけです。

帰化制度の歴史

それでは日本の帰化制度についてみていきます。

実は、帰化制度、ひいてはその土台になる国籍法の歴史は、非常に長いものがあります。

国籍法は一八九九年（明治三十二年）に成立しています。

一八八九年に「大日本帝国憲法」ができました。その第18条で「日本臣民タルノ要件ハ法律ノ定ムル所ニ依ル」とされており、「日本の国民であることを定めるのは、法律で決めます」ということになっていました。そのための法律が「国籍法」であったわけです。

これによって、法律的な「日本国籍」が誕生しました。

重要なことに、この国籍法では同時に外国人が日本国籍を得る手続きである「帰化」についても定められました。

江戸時代にはまさに鎖国政策をとっており、外国人の在留そのものすら制限されていました。しかし明治になって開国し、その約三十年後には、法律によって「外国人は日本国籍を取れます」となるに至ったのです。

近代的な国家として成立した以上、外国人を排除するのではなく、場合によっては法律に基づいて外国人も同じ国民になれる、という手続きを整備する必要があったわけです。

旧国籍法の帰化要件

当時の国籍法では、「外国人は内務大臣の許可を得て帰化ができる」（旧国籍法第7条）となっていました。

そのうえで、内務大臣は次の条件を備えた人でなければ、帰化の許可はできないとしています。つまり、帰化するうえでの最低条件が定められていました。

①五年以上日本に住所を有すること

②満二〇歳以上であること

帰化申請という重大な判断をするためには未成年では不可、ということです。

③品行端正であること

抽象的ですが、それこそ犯罪歴がないということでしょうか。

④独立の生計を営むに足る資産または技能を有すること

経済的な能力についてです。どこかで見た記憶がありませんか。

入管法の永住許可の要件の一つとして「独立の生計を営むに足りる資産又は技能を有すること」となっていました（第22条）。入管法は一九五一年にできた法律ですので、昔の国籍法が念頭にあったのかもしれません。

⑤国籍を持たないか、日本国籍を取得することによって、元の国籍を失うこと

日本が二重国籍を認めていないということです。帰化する側の国が二重国籍を認めていて、元の国も二重国籍を認めている場合は、二つの国籍を同時に持つことができます。しかし、日本側が認めていませんので、たとえ日本に帰化する外国人の元の国が二重国籍を認めていても、日本国籍と他国の国籍を同時に二つ持つことはできません。

ただし先ほども述べたように、これらの条件がないと「内務大臣は許可できない」ということですので、これらの最低条件をクリアーした人について、あとは内務大臣の裁量に委ねられるわけです。

戦前の帰化許可者

実際にこの帰化制度に基づいて、一九〇〇年に初めて、外国人の帰化が許可されました。その後、一九四九年まで、三〇九名の外国人の帰化が認められています。

「日本は島国で閉鎖的だ」というように考えられています。しかし、戦前ですら、少数ではありますが、外国人の帰化が認められていました。

その国籍別の内訳は、次のようになっています。

中国人　一六八人
イギリス人　四一人
無国籍者　二七人
ドイツ人　一九人
アメリカ人　一八人
その他　三六人

また、これらの人々の居住地は兵庫県八九人、神奈川県八一人、東京都五一人、長崎県二〇人などとなっていました。

兵庫県には神戸、神奈川県には横浜という国際的な海港都市があり、多くの外国人が居住していたことが反映されています。長崎もそうです。東京はやはり首都であることと関連しているでしょう。

このため神戸や横浜の華僑の有力者で、帰化した人も多数いました。中国との貿易で財をなして、日露戦争の際、日本政府に多額の寄付をした人もいました。そうした功績も評価されて帰化が認められていたようです。

またキリスト教の布教目的で日本に来た西洋人で、「日本に骨をうずめるため」に帰化した人もいました。その他にも、日本人と結婚した人や、ロシア革命を逃れてきたロシア人もいました（こうした戦前の帰化者の詳細については、拙著『近代日本と帰化制度』（溪水社、二〇〇七年）をご参照ください）。

なお、帰化制度の対象となるのは、もちろんのこと「外国人」でした。当時の日本には、日本の植民地となった朝鮮半島や台湾からの移住者もいたのですが、「日本国民」であったことから、帰化制度の対象ではありませんでした。

また当時、現在の日本人に当たる人々は「内地人」、同じ日本人でも植民地出身の人は「外地人」、それ以外の外国出身者は「外国人」とされていました。

戦後の帰化制度

戦後、一八九九年にできた国籍法は廃止され、一九五〇年に新しい国籍法ができました。しかし、これによって日本国籍の「血統主義」という根幹が改正されることはありませんでした。

帰化制度についても、許可権者が「法務大臣」になった他は、帰化の条件についても大幅な改正はありませんでした。
そしてこれが現在まで続くのですが、以下のようになっています（国籍法第5条）。

①引き続き五年以上日本に住所を有すること。

②二十歳以上で本国法によつて行為能力を有すること。

①は変わっていません。ただし、日本人の配偶者の場合は三年に緩和されています（国籍法第7条）。②も変わっていません。

③素行が善良であること。

「品行端正」を現代語に言い換えたものです。

④自己又は生計を一にする配偶者その他の親族の資産又は技能によつて生計を営むことができること。

基本的に同様ですが「生計を一にする」が加わっています。このため自分には経済能力がなくとも、配偶者に経済能力があり、扶養されているのであれば問題ないことになりました。

⑤国籍を有せず、又は日本の国籍の取得によってその国籍を失うべきこと。
同様で、二重国籍を認めていません。

⑥日本国憲法施行の日以後において、日本国憲法又はその下に成立した政府を暴力で破壊することを企て、若しくは主張し、又はこれを企て、若しくは主張する政党その他の団体を結成し、若しくはこれに加入したことがないこと。
新しいものですが、暴力革命を起こして政府を転覆しようとする人物が念頭にあると考えられます。

このように帰化制度は、法律上では明治から延々と続いているのですが、日本に在留する外国人の実態については、戦前と戦後で大きな違いがありました。
先ほど述べたように、戦前、日本の人口は「内地人」「外地人」「外国人」と三つに分類されていました。

しかし日本の敗戦によって、「外地」すなわち、朝鮮半島と台湾が独立しました。日本にいた「外地人」についても、日本の支配から脱し独立国家の国民となるとされました。このため、「外地人」の人々はかつては日本国民であったのですが、戦後は一気に「外国人」となったのでした。

ただし、これには次のような問題がありました。日本による朝鮮半島や台湾の領有が始まって以降、日本に移住者がやってきたのですが、戦争が終わる頃には、日本で生まれた人も多数いました。一九五〇年の国勢調査では「外地人」人口の約五〇万人中、約半数が日本出生者でした。

終戦後も朝鮮半島などに帰還しなかった人々の多くは、日本での在留年数が長いなど、すでに生活基盤が日本にあった人々だったといわれています。

一九五二年、旧植民地出身者は、日本国籍を喪失して外国人になりました。すなわち、かつて日本国民であり、しかも長期にわたって在留していたり、日本で生まれた多くの人も「外国人」となったわけです。

このため戦後の帰化制度は、主に「日本に長期間いたり、日本で生まれた人」を対象と

図7　帰化許可者数の推移（1952年〜2017年）

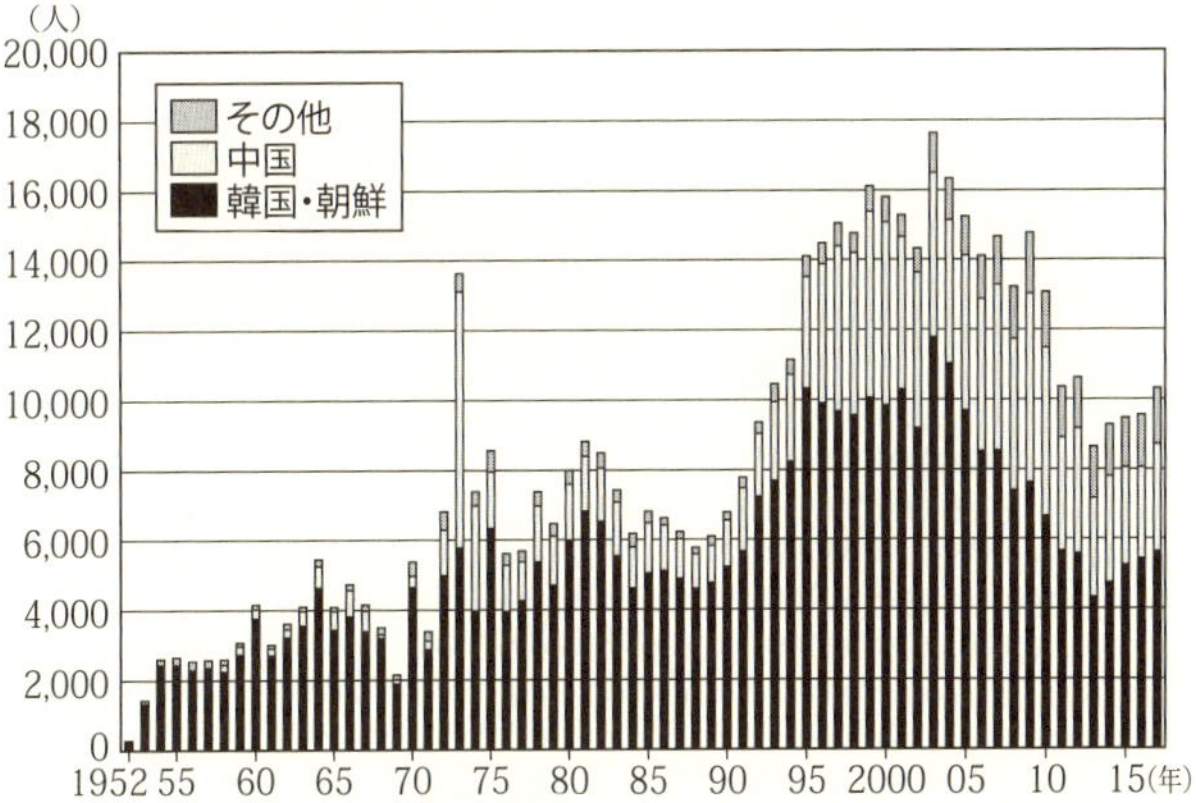

出典：法務省民事局「帰化許可申請者数」など

する制度になりました。戦前の帰化者が、本当の意味での外国出身であったこととは大きく異なっています。

戦後の帰化許可者

戦後、戦前から日本にいた旧植民地出身者の帰化が開始します。

一九五四年の帰化許可者数は二六〇八人で、戦前の累計をはるかに超えています。その後、数千人規模となり、一九九三年には一万人を突破しています。二〇〇三年には約一万七六〇〇人となり過去最高になりました。その後は緩やかに減少が続き、近年ではほぼ年間一万人前後になっています（図7参照）。

二〇一七年では一万三一五人の帰化が許可

されています。原国籍「韓国・朝鮮」が五六三一人、「中国」が三〇八八人、その他が一五九六人でした。

このように、戦後の累計では約五五万人の外国人が帰化によって日本国籍を得ています。「移民」どころか、「国民」になったわけです。

詳細な実態についてはわかりませんが、最近では、本当の意味で日本にやってきた外国人の帰化が増加しているのではないかと考えられます。

というのも、旧植民地出身者とその子孫を意味する「特別永住者」は、一九九二年には約五九万人だったのですが、二〇一八年六月末現在では約三三万人にまで減少しているからです。この原因の一つとして帰化が考えられます。

戦後の帰化の大半を占めていた、旧植民地出身者とその子孫による帰化は、今後徐々に減少していくことが予想されます。

帰化者の実態

帰化者の実態はよくわからないのですが、筆者が行った調査結果を紹介したいと思います。

拙著『在日外国人と帰化制度』（新幹社、二〇〇三年）では、一九九九年及び二〇〇〇年に帰化した人々を調査し、三五九名から回答を得ました。このうち原国籍が「韓国・朝鮮」は二三五名、原国籍が「中国」（台湾含む）は一一一名、その他の国籍は一三名でした。興味深いことに、原国籍「韓国・朝鮮」の場合、帰化者のほとんどが日本出生でしたが、それ以外ではほとんどが海外出生でした。このため「日本生まれの外国人の帰化」と「外国出身の外国人の帰化」が並行して進展していることが明らかになりました。

さらに帰化の肯定面について尋ねたところ、主な傾向としては、日本生まれの外国人で帰化した人では「特によかったことはない」が目立ったのですが、外国出身の外国人で帰化した人は「日本で永住できるようになったこと」が目立ちました。

外国出身の外国人が、本書で述べたような入管法上のさまざまな制約から解き放たれたことを肯定的に捉えていることは、大いに理解できます。一方、そもそも日本への入国といったことを経ていない日本出生の外国人は、「入管法上の制約からの解放」という文脈で、帰化による日本国籍取得を位置づけていないかもしれません。

入国管理局で帰化申請はできない

さて実は、帰化の申請をする役所は入国管理局ではありません。法務省民事局の地方出先機関である「法務局」です。法務局では主に、会社や土地の登記を取り扱っていますが、ここの「国籍課」などで申請することになります。

外国人の案件なのだから入国管理局では、と不思議に思われるでしょう。

このことは先ほど述べた国籍法の歴史に関連しています。

国籍法が一八九九年に制定された際、帰化の許可権者は内務大臣でした。このため「内務省」という役所が帰化を担当していました。しかし戦後になって内務省が廃止されると、帰化の権限は法務大臣に移り、これに伴って帰化の業務は法務省に移されました。これが一九五〇年の国籍法の改正です。

ところが、当時法務省の中に入国管理局がなかったため、既存の「民事局」が担当することになったのです。ちなみに入国管理局の発足は一九五二年です。

こうして、外国人に関して永住許可までは入国管理局、帰化は民事局（法務局）という二重行政の状態が今日まで継続しています。

帰化の一般的な手続きとしては、まず法務局で「国籍相談」を行い、帰化の手続きに関する説明を受けます。いろいろとそろえなければならない書類があります。それらをそろえると、正式に申請が受理されます。

その後法務局で書類が審査され、面接が行われます。日本語を母語としない外国人には簡単な日本語の試験があるようです。

東京の法務省へ書類が送られ、法務大臣の最終的な判断がなされます。許可の場合は、政府が発行する「官報」に氏名が掲載されるとともに、本人に通知されます。そのうえで「帰化届」を自分の自治体の役所に提出します。これは、外国人には戸籍がないので、新たに戸籍を作るためのものです。

国籍法で決められている条件は、あくまでも最低条件ですので、実質的な審査基準についてはよくわかりません。「素行が善良」という条件があるため、交通違反があると認められない場合もあるようです。

永住よりも帰化が簡単？

ここで国籍法の帰化の条件の一つである「引き続き五年以上日本に住所を有すること」

を改めて見てみてください。「住所を有する」とは不法滞在ではなく、合法的に在留していることと解釈されています。

このことからすると、五年間で帰化への道が開けることになります。ところが第六章で見た「永住許可に関するガイドライン」では、永住を許可されるためには、日本人の配偶者でない場合には十年間の在留が必要でした。あくまでも外国人のままでの「永住」と、帰化によって「国籍」が得られることを比較すると、国籍のほうが権利の度合いが強いと考えられます。しかし年数の点では、永住よりも帰化のほうが短くなっています。

また帰化の場合五年間の居住ですので、在留資格についても特に制限がありません。「永住許可に関するガイドライン」では、十年のうち五年間は「就労資格又は居住資格」であることが求められていました。この点からも帰化のほうが容易ではないか、と考えられるわけです。

このように、帰化行政と入管行政が組織的に分かれていることもあり、「永住より帰化のほうが容易」という、本来であれば逆転した状況になっています。

一方、移民国家の場合は、一時的な在留から永住、そして帰化という流れが確立しています。帰化申請ができるまで、アメリカの場合は永住許可を得てから五年以上であることが求められています（アメリカ移民法第316条）。オーストラリアの場合は四年以上の在留で、直近の一年間は永住者であることが求められています（オーストラリア国籍法第22条）。

このためアメリカでもオーストラリアでも、いったん永住許可が得られなければ帰化申請すらできないことになっています。

もし帰化をして日本国籍を取得すると、もう入管法の対象ではなくなるので当然の権利として日本で在留・就労ができます。また実際に帰化をしたうえで国会議員になった人もいます。

この意味で、帰化行政も外国人政策の中で重要な位置を占めているわけです。それにもかかわらず、近年「外国人を積極的に受け入れよう」という議論がある中で、帰化制度が注目されないのは不思議です。

当の外国人からすれば「最終的に国民として受け入れられるのか」ということに関心があると思います。その点をあいまいにしたままでは、多数の優秀な外国人はやってこないのではないでしょうか。

このため、今後の外国人政策を考えていくうえで、帰化制度も念頭に置いた議論も必要だといえます。

第九章のポイント

①外国人が日本国籍を取得する帰化制度がある。

②日本国籍を取得すると国民の権利として日本に在留できる。選挙権などの国民固有の権利が得られる。

③日本の帰化制度は一八九九年に誕生。戦前は約三〇〇人が日本に帰化した。

④戦後は旧植民地出身者の帰化が中心だが、近年は外国出身者の帰化が増えつつある。累計で約五五万人が日本に帰化した。

⑤永住許可よりも帰化のほうが簡単な場合もある。入管行政と帰化行政が分離されていることが原因の一つ。

あとがき

本書を最後までお読みいただき、ありがとうございました。

本書でも解説しましたように、二〇一九年四月から新たな在留資格「特定技能」が導入され、外国人労働者の増加が見込まれています。こうした中、読者の皆さんが本書で提供した入管法の基礎的な知識をもとに、そうした外国人と接することができれば、外国人への理解がより深まると思います。

本書は、三年ほど前に執筆した原稿がもとになっています。これまで外国人に関する議論を見聞きしてきましたが、外国人政策の基本法といえる入管法の知識があまりにも欠落した一連の議論に大きな危惧を覚えていました。その大きな原因の一つは、入管法についてのわかりやすい入門書がないことではないかと考えていました。今後の日本における適正な外国人政策の構築のためにも、そうした状況をどうしても打破したかったことが、本書の執筆の大きな動機となっております。

結果的に、ちょうど二〇一八年の改正法の成立の後、平凡社新書として刊行することができ、著者としては大変うれしく思っております。

平凡社新書編集長の金澤智之様、同編集部の濱下かな子様からは、読者の視点に立った有意義なコメントをいただき、ありがとうございました。

また私は留学生や難民認定に関する実務経験はあるのですが、他の在留資格に関連したものは必ずしもなかったところ、実際に入管実務を行っている左の行政書士の方々と今回の原稿をもとに勉強会を開催し、有益なコメントをいただきました。謝意を表します。

笠間由美子、大塚香織、下川原孝司、吉野浩、山岸孝浩、羽生雄二郎、木寺夕紀子、坂本晃子、廣瀬幹、佐藤華子、宋明舜、夏目貴美　（順不同、敬称略）

また二〇一三年度から二〇一七年度まで、愛知淑徳大学で「多文化社会論」という授業を担当したことも、本書の執筆の契機となりました。授業では、女子大生たちにわかりやすく入管法を伝えることに腐心しました。毎回コメントを記入・提出してもらったところ、非常に参考になりました。この場を借りて受講生の皆さんに感謝申し上げます。

加えて、二〇一三年から難民審査参与員として難民認定業務に携わっていることも、本書執筆の重要な基礎となっています。これまでご一緒させていただいた参与員の先生方、参与員業務を献身的に支えてくださっている事務局の職員の皆さまにも、深くお礼申し上げます。さらに、名古屋大学大学院国際開発研究科において、多数の留学生と接してきたことも、本書執筆のうえで重要な経験となっています。私の留学生関連業務を支えてくださっている職員の皆さまにもお礼申し上げます。

最後になりますが、私は二〇一七年九月から北海道稚内市の酪農地帯に一軒家を借り、二地域居住を実践しています。町内会に入れていただくなど地域社会に温かく受け入れてもらい、本当に感謝しております。稚内にも在留外国人がいますが、新たな在留資格導入によって地方部にどういった影響があるのかを、引き続き住民の一人としてみていきたいと思っています。

今後の日本の外国人政策に関する議論の質の向上のために、本書が微力ながらも貢献できれば、著者としては望外の喜びです。

雪が美しい稚内にて

二〇一九年二月

浅川晃広

【著者】
浅川晃広（あさかわ あきひろ）
1974年神戸市生まれ。神戸市外国語大学卒業。オーストラリア国立大学留学を経て、大阪大学大学院文学研究科修士課程修了。博士（学術）学位取得。2002年～2004年在オーストラリア日本国大使館専門調査員。現在、名古屋大学大学院国際開発研究科講師。2013年より法務省入国管理局難民審査参与員。著書に『オーストラリア移民法解説』『難民該当性の実証的研究』（ともに日本評論社）、『在日外国人と帰化制度』（新幹社）など。

平凡社新書906

知っておきたい入管法
増える外国人と共生できるか

発行日――2019年3月15日　初版第1刷

著者――浅川晃広

発行者――下中美都

発行所――株式会社平凡社
東京都千代田区神田神保町3-29　〒101-0051
電話　東京（03）3230-6580［編集］
　　　東京（03）3230-6573［営業］
振替　00180-0-29639

印刷・製本―株式会社東京印書館

装幀――菊地信義

ISBN978-4-582-85906-5
NDC分類番号329.94　新書判（17.2cm）　総ページ240
平凡社ホームページ　http://www.heibonsha.co.jp/